PRÉPARER SES EXAMENS

GALOPS 1, 2 et 3

programme officiel

MALOINE

COMPOSITION DES GALOPS

Connaissances générales
Initiation à cheval
Dressage - Cross - Saut d'obstacles

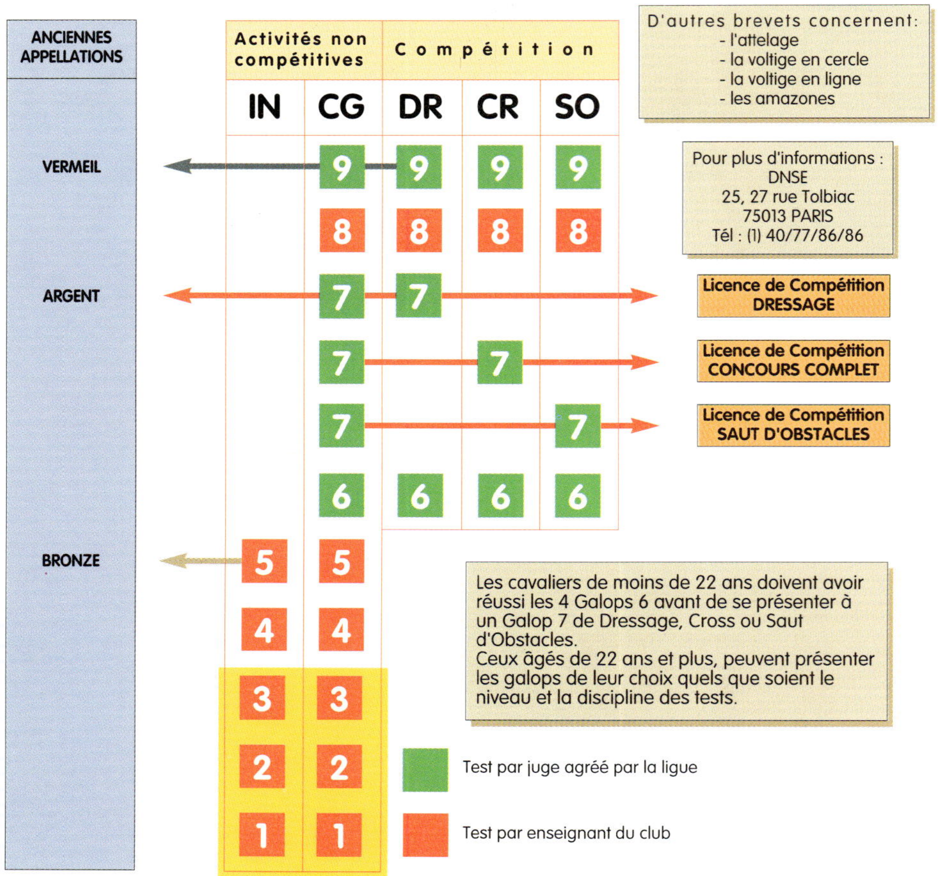

Ouvrages de la collection
« Nouveaux examens d'équitation »

- Préparer ses examens : GALOPS 1 - 2 - 3
- Préparer ses examens : GALOPS 4 et 5
- Préparer ses examens : GALOP 6
- Préparer ses examens : GALOP 7

Illustrations (couverture et intérieur) Yvan Benoist-Gironière

Imprimé en France par AUBIN IMPRIMEUR Ligugé, Poitiers (P 44312)

Dépôt légal : décembre 1993 — ISBN : 2-224-02216-6 — ISSN : 1242-742X

TABLE DES MATIÈRES
PROGRAMME OFFICIEL

GALOP 1

CONNAISSANCES GÉNÉRALES

INITIATION À CHEVAL

Pratiquer, en reprise au pas et au trot

PRATIQUE AUTOUR DU CHEVAL

PRATIQUE ÉQUESTRE

CONNAISSANCES SPÉCIFIQUES

GALOP 2

CONNAISSANCES GÉNÉRALES

INITIATION À CHEVAL

Pratiquer, en reprise aux trois allures

PRATIQUE AUTOUR DU CHEVAL

PRATIQUE ÉQUESTRE

CONNAISSANCES SPÉCIFIQUES

GALOP 3

CONNAISSANCES GÉNÉRALES

INITIATION À CHEVAL

Pratiquer individuellement pendant une leçon

PRATIQUE AUTOUR DU CHEVAL

PRATIQUE ÉQUESTRE

CONNAISSANCES SPÉCIFIQUES

GALOP 1

CONNAISSANCES GÉNÉRALES

1. PARTIES PRINCIPALES DU CHEVAL

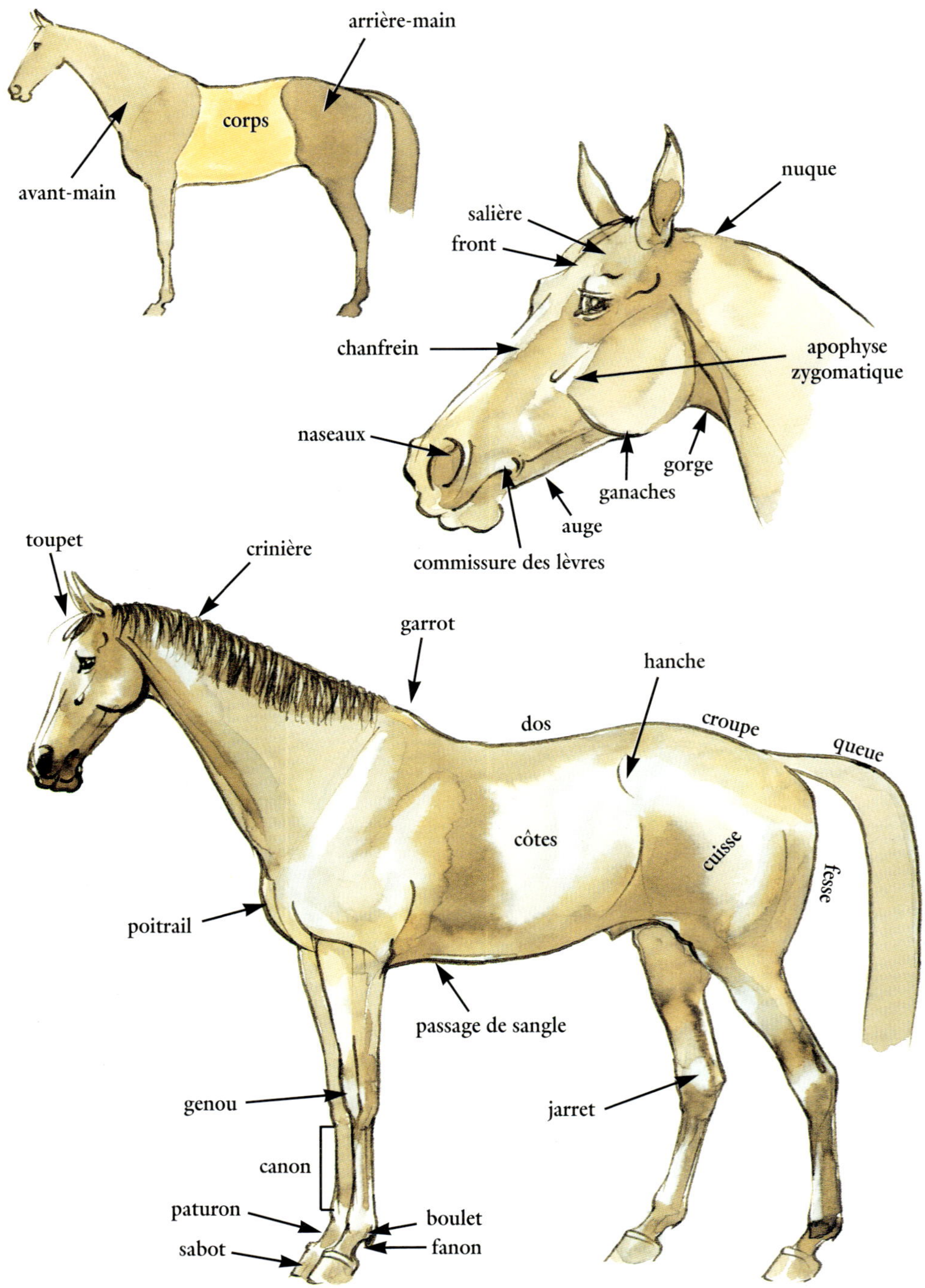

2. PRINCIPALES ROBES

ROBES SIMPLES

UNE SEULE COULEUR (BANC)

Blanc	Alezan	Noir	Café-au-lait
• poils • crins • extrémités } blancs	• poils • crins • extrémités } marron ou fauve	• poils • crins • extrémités } noirs	• poils • crins • extrémités } café-au-lait
Rare Beaucoup de chevaux qui semblent blancs sont gris très clair	**Très fréquent** Plus ou moins clair ou foncé	**Rare** Beaucoup de chevaux qui semblent noirs sont bai-brun	**Rare** Se rapproche de l'alezan clair. Le palomino est un «café-au-lait» à crins lavés

ROBES COMPOSÉES

DEUX COULEURS SÉPARÉES (BIS)

Bai	Isabelle	Souris
• poils : alezan	• poils : café-au-lait	• poils : gris uni
• crins • extrémités } noirs	• crins • extrémités } noirs	• crins • extrémités } noirs

DEUX COULEURS MÉLANGÉES (GAL)

Gris	Aubère	Louvet
• poils • crins • extrémités } blancs et noirs	• poils • crins • extrémités } blancs et alezan	• poils • crins • extrémités } alezan et noirs

TROIS COULEURS

Rouan

- poils
- crins
- extrémités

} { blancs, alezan et noirs

DEUX COULEURS PAR PLAQUES

Pie

- La robe est blanche, avec des taches de couleur alezan, ou noire, ou baie
- Cette robe est fréquente chez les poneys

CONNAISSANCES
GÉNÉRALES

ROBES SIMPLES

poils et crins de la même couleur

Blanc — Alezan — Noir — Café-au-lait

ROBES COMPOSÉES

• DEUX COULEURS SÉPARÉES

les crins et les extrémités sont noirs

• DEUX COULEURS MÉLANGÉES

• TROIS COULEURS

• DEUX COULEURS PAR PLAQUES

Evitez de passer derrière le cheval

Attention aux chevaux
qui ne se connaissent pas

Ne vous laissez pas coincer

Sachez vous protéger

3. RÈGLES ÉLÉMENTAIRES DE SÉCURITÉ

■ Dans tous vos contacts avec les chevaux, restez prudent. Un cheval surpris peut vous botter ou vous bousculer s'il se croit agressé. Pour l'approcher, prévenez-le en lui parlant calmement. Evitez de passer derrière lui et abordez-le à gauche, car il y est habitué.

■ Même un cheval docile peut se montrer agressif avec les autres chevaux. Evitez de mettre en contact deux chevaux qui ne se connaissent pas. En dehors de la pâture ou du box, le cheval doit être attaché avec un licol.

■ Pour entrer dans un box ou en sortir, ouvrez la porte en grand et marchez devant le cheval et sur le côté. Vous éviterez qu'il vous bouscule ou se coince contre un montant de la porte.

■ A cheval, portez obligatoirement une bombe ou un casque pour protéger votre tête en cas de chute ou de choc. Le bas des jambes est protégé par des bottes ou des mini-chaps. Pour éviter que les pieds passent à travers les étriers, vos bottes ou vos bottines doivent avoir des talons.

■ Pour assurer votre sécurité, le matériel utilisé doit être en bon état. La rupture d'une pièce de harnachement peut provoquer des accidents graves.

PENSEZ-Y !

• Si vos constatez qu'une pièce du harnachement est en mauvais état, prévenez le moniteur.

• Ne criez pas près des chevaux, car le bruit et l'agitation les inquiètent.

4. LES DIFFÉRENTES DISCIPLINES ÉQUESTRES

LES DISCIPLINES OLYMPIQUES

– Le concours de sauts d'obstacles (CSO) consiste à franchir des obstacles disposés sur un parcours sans faire tomber les barres.
– Dans un concours de dressage, le cavalier effectue, aux trois allures, un ensemble de figures imposées.
– Le concours complet d'équitation (CCE) comprend une reprise de dressage, un ou plusieurs parcours de fond (cross) et un parcours d'obstacles.

AUTRES DISCIPLINES

– Les **concours d'attelage** à un, deux ou quatre chevaux comprennent une reprise de dressage, un marathon sur obstacles naturels fixes et un parcours de maniabilité.
– Dans la **voltige en ligne droite** ou **en cercle**, le cavalier exécute des figures imposées.
– Les **courses d'endurance** se déroulent sur des parcours entre 30 et 160 km avec des contrôles vétérinaires tous les 30 km.
– Le **tourisme équestre** se pratique en randonnée. Le TREC est un ensemble d'épreuves de «techniques de randonnée équestre de compétition».
– Les **«pony-games»** sont des jeux équestres d'adresse, très prisés en Angleterre.
– La **monte en amazone** est une équitation féminine se pratiquant avec des selles à fourches.
– L'**équitation américaine** est au départ une équitation de travail pour le tri de bétail.
– Le **horse-ball** ressemble au basket-ball. Le ballon utilisé est muni d'anses de ramassage.
– Au **polo**, deux équipes frappent une balle en bois pour l'envoyer dans le but adverse.
– On distingue, parmi les **courses** se disputant sur les hippodromes, les courses de plat ou d'obstacles au galop et celles de trot monté ou attelé.

PRATIQUE AUTOUR DU CHEVAL

ABORDER UN CHEVAL

En stalle

En box

A l'extérieur

1. ABORDER

Les chevaux ont tous des caractères différents mais restent souvent craintifs. Avant d'aborder un cheval, prévenez-le de votre arrivée en lui parlant calmement, car il faut éviter de le surprendre. Abordez-le du côté gauche car il en a l'habitude. Suivant le cas, respectez les précautions suivantes.

● ABORDER UN CHEVAL À L'ATTACHE

S'il est attaché dans une stalle, allez jusqu'à sa tête en passant de préférence du côté gauche, entre lui et le bat-flanc ou le mur lorsque c'est possible, mais sans rester derrière lui. Poussez-le sans brusquerie pour qu'il libère le passage.

● ABORDER UN CHEVAL DANS UN BOX

Evitez de laisser la porte ouverte, car il pourrait sortir. Dirigez-vous vers sa tête en évitant de vous laisser coincer contre un mur ou dans un coin.

● ABORDER UN CHEVAL EN PÂTURE

Avancez doucement vers lui pour ne pas l'effaroucher. Dirigez-vous vers sa tête. Tendez-lui la main en lui présentant éventuellement une friandise, car il est gourmand.

PRÉCAUTIONS À PRENDRE

- N'inquiétez pas le cheval en gesticulant.
- Face à un cheval irritable, restez ferme et ne vous laissez pas impressionner.
- En pâture, ne courez pas : il sera toujours.plus rapide que vous.

INITIATION À CHEVAL

2. METTRE UN LICOL

Le licol permet de conduire le cheval et de l'attacher avec une longe. Voici comment mettre un licol au cheval :

– préparez le licol en le débouclant;

– abordez le cheval du côté gauche et placez-vous de côté, au niveau de sa tête, en présentant le licol correctement;

– avec la main gauche, tenez la muserolle et engagez-y le nez du cheval, tandis que la main droite passe l'extrémité de la lanière par-dessus la nuque, juste derrière les oreilles, avant de la boucler avec les deux mains.

Les modèles américains en corde sont équipés d'un système de fermeture différent.

1

2

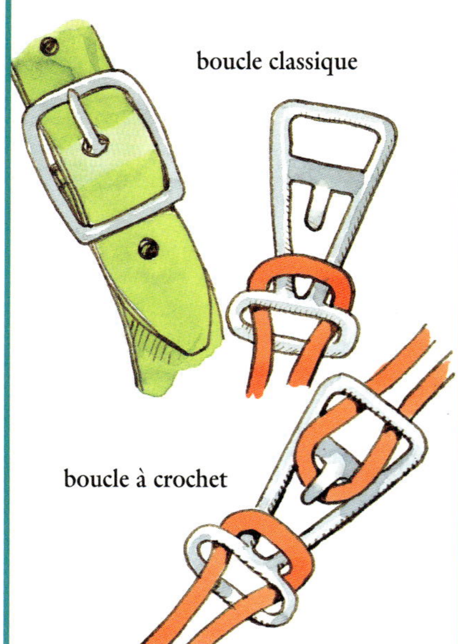

PRÉCAUTIONS À PRENDRE

- Un licol trop serré gêne la respiration du cheval.
- La muserolle est ajustée à mi-chanfrein, sans appuyer sur les naseaux. Elle est suffisamment lâche pour que le cheval puisse ouvrir la bouche. Si le licol est trop grand, le cheval pourra s'en dégager.

Attachez-le à une branche souple

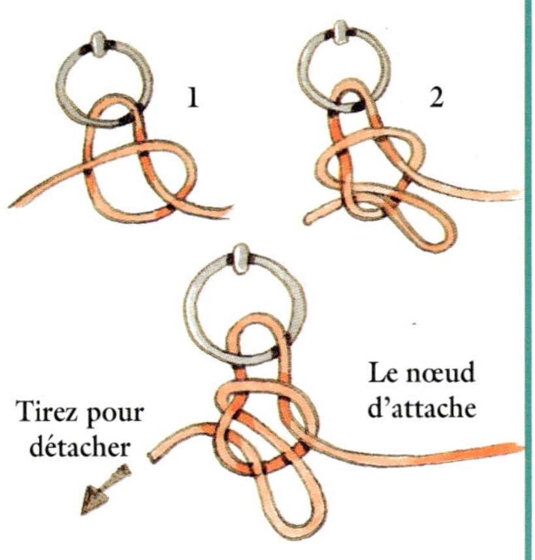

3. ATTACHER AVEC LE NŒUD D'ATTACHE

Certains chevaux ne supportent pas d'être attachés et tirent de toute leur force sur la longe pour se libérer, ce qui peut être dangereux. On dit dans ce cas qu'ils «tirent au renard».
Les précautions à respecter sont les suivantes :

● OÙ L'ATTACHER ?

N'attachez pas un cheval n'importe où. Le point d'attache doit être solide et dégagé, pour pouvoir circuler librement autour du cheval. Dans les clubs, les anneaux d'attache sont disposés aux bons endroits.
A l'extérieur, attachez-le à une branche souple, après avoir vérifié qu'aucun objet sur le sol ne présente de danger.

● QUELLE HAUTEUR D'ATTACHE ?

Un cheval attaché trop bas risque de se prendre un antérieur dans la longe. La bonne hauteur du point d'attache est 1,30 m.

● QUELLE LONGUEUR DE LONGE ?

Le cheval risque de se prendre un antérieur dans une longe trop longue. A l'inverse, si elle est trop courte, il peut se sentir prisonnier et tirer sur sa longe qui manque d'élasticité. La bonne longueur entre l'anneau et le licol est d'environ 80 cm.

● COMMENT L'ATTACHER ?

Le nœud d'attache décrit sur les croquis est sûr et a l'avantage de se défaire par simple traction sur l'extrémité libre. Entraînez-vous à le nouer.

PRÉCAUTIONS

- En nouant la longe, ne laissez pas de doigt dans une boucle. C'est très dangereux si le cheval «tire au renard» à ce moment-là.
- Pour éviter que le cheval ne se détache en tirant sur l'extrémité de la longe, repassez-la dans la boucle du nœud.

4. ÉTRILLER, BOUCHONNER

Pour nettoyer quotidiennement le corps du cheval, il faut procéder de la façon suivante :

■ L'étrille décrotte les parties charnues du cheval et les masse. On la passe avec un mouvement circulaire; frappez-la régulièrement sur le sol pour extraire les poussières qui s'y sont accumulées. Préférez les étrilles en caoutchouc, plus souples que les modèles métalliques.

■ Le pansage continue avec le bouchon passé sur tout le corps pour nettoyer le poil et le débarrasser des pellicules de peau morte. N'oubliez pas la tête, l'intérieur des membres, la crinière et la queue.

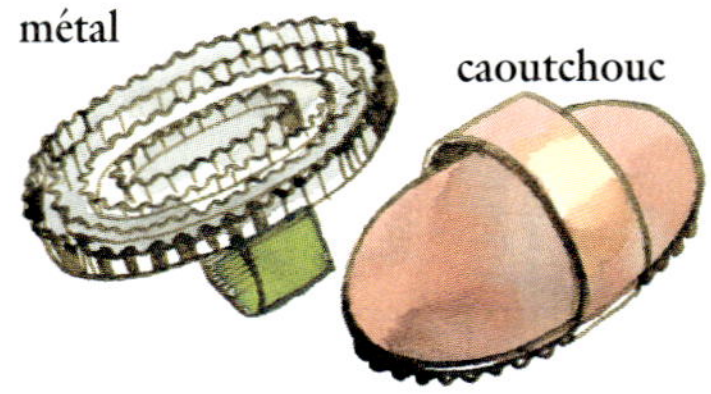

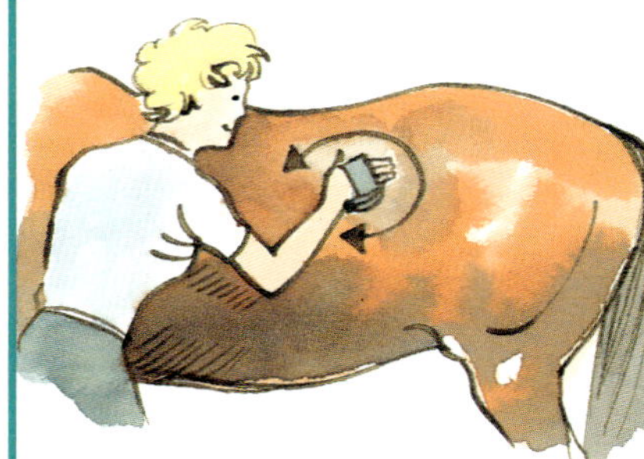

Frottez en tournant

Bouchon

Brossez partout

À SAVOIR

- Certains chevaux chatouilleux ne supportent pas l'étrille. Dans ce cas, n'utilisez que la brosse.
- Profitez du pansage pour inspecter le cheval et déceler d'éventuelles blessures.
- Brosser le cheval lui procure une sensation agréable.

Prenez un antérieur

Curez les pieds

Il est possible de curer les quatre pieds en restant du même côté

5. CURER LES PIEDS

■ Au début et à la fin du travail, il faut curer les pieds du cheval pour plusieurs raisons :
– enlever un éventuel caillou coincé sous le sabot;
– nettoyer le fond des lacunes;
– vérifier le bon état de la ferrure;
– vérifier que le pied n'est pas blessé.

■ Pour lever les pieds, placez-vous de côté, tourné vers l'arrière.
Glissez la main le long du membre et décollez le pied du sol. Ensuite :
– pour les antérieurs, pliez le membre en le soulevant et tenez-le fermement au niveau du sabot;
– pour les postérieurs, décollez le membre du sol, reculez-le et posez-le éventuellement sur votre genou.
Avec le cure-pied, curez les lacunes latérales et dégagez complètement la sole.
– Chaque fois que vous levez le pied du cheval, dites-lui : «donne» (ou encore : «pied»). Avec l'habitude, il vous donnera son pied lorsque vous le lui demanderez.

INITIATION À CHEVAL

PRÉCAUTIONS À PRENDRE

• Pour inciter le cheval à soulever le pied, vous pouvez tirer sur le fanon ou pincer au-dessus du boulet. Retirez votre propre pied avant de lâcher son sabot.
• Tout en restant à sa gauche, vous pouvez habituer le cheval à «donner ses quatre pieds» du côté gauche.

PRATIQUE AUTOUR DU CHEVAL

6. SELLER, BRIDER

COMMENT SELLER ?

Avant de seller, remontez les étriers et placez la sangle sur la selle. Posez ensuite le tapis légèrement en avant de sa position normale; mettez la selle sur le tapis et glissez l'ensemble à sa juste place, légèrement en arrière du garrot en dégageant les épaules. Ainsi, les poils sont lissés sous la selle.
En pendant naturellement, la sangle doit se placer à un plat de main en arrière des coudes. Passez la sangle dans les passants du tapis et sanglez légèrement. Vous ressanglerez avant de monter à cheval.
Dégagez l'avant du tapis pour le dégarroter.

Posez la selle en avant puis glissez-la à sa place

Evitez que la sangle frappe les tendons

PRÉCAUTIONS À PRENDRE

Pour éviter que la sangle frappe les tendons, tendez votre jambe sous le cheval pour l'arrêter. Une erreur fréquente consiste à placer la selle trop en arrière.
Avant de sangler, vérifiez du côté droit si le quartier n'est pas plié, si l'étrier n'est pas coincé et si le tapis ne fait pas de pli. Pour dégager la peau sous la sangle, tirez un à un les antérieurs vers l'avant.

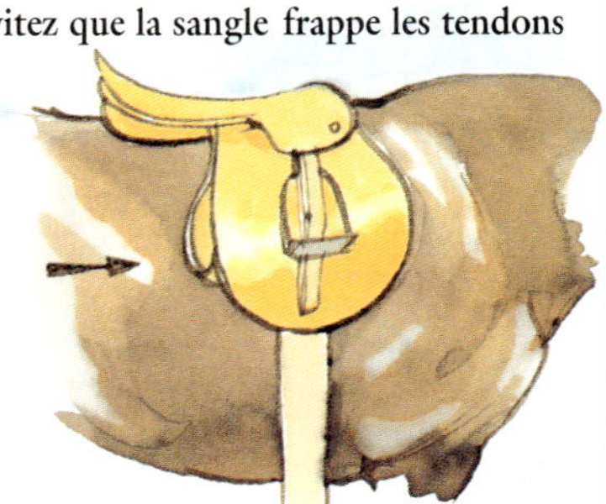

Vérifiez le côté droit

COMMENT BRIDER ?

– Placez le bridon et les rênes sur votre bras gauche, le frontal vers l'avant et la muserolle débouclée.
– Mettez-vous à gauche du cheval, débouclez le licol et disposez-le en collier autour de l'encolure.
– Mettez votre épaule droite sous sa gorge, avec les rênes sur l'encolure ou passées à votre bras gauche.

Dégagez la peau au passage de sangle

Le licol en collier

Présentez le mors

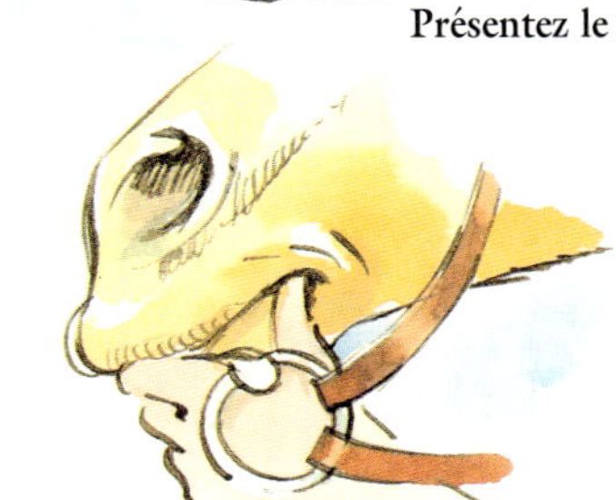

Faites-lui ouvrir la bouche

Faites passer les oreilles

– En tenant le bridon avec la main droite au niveau de la têtière ou au milieu des montants, présentez le mors qui prend place dans la bouche et faites ensuite passer délicatement les oreilles une à une sous la têtière.

– Il reste à dégager le toupet au-dessus du frontal et à boucler la sous-gorge sans la serrer, ainsi que la muserolle.

● ERREURS À ÉVITER

– Si le cheval rechigne à ouvrir la bouche, n'appuyez pas le mors contre les dents. Pour l'inciter à ouvrir la bouche, une astuce consiste à frotter ses gencives. Vous pouvez également enfoncer votre pouce au niveau de la commissure de ses lèvres, là où il n' y a pas de dents (barre).

– N'oubliez aucun passant et vérifiez de face que le frontal et la muserolle sont disposés horizontalement.

7. CONDUIRE UN CHEVAL EN MAIN EN LICOL OU EN FILET

● CONDUIRE EN LICOL

Marchez devant le cheval et à sa gauche. Tenez la longe avec la main droite en laissant une grande liberté au cheval. La main gauche tient l'extrémité de la longe, les deux bras pendent naturellement.

● PLACEZ-VOUS À GAUCHE DU CHEVAL

Avec la main droite, tenez les deux rênes à environ 15 centimètres de sa bouche, l'index placé entre les rênes. Avec la main gauche, tenez l'extrémité des rênes, le pouce sous la boucle pour éviter qu'elles échappent de la main.
Restez à hauteur de l'épaule du cheval, en gardant le bras droit tendu pour éviter qu'il vous marche sur les pieds.

Conduire en licol

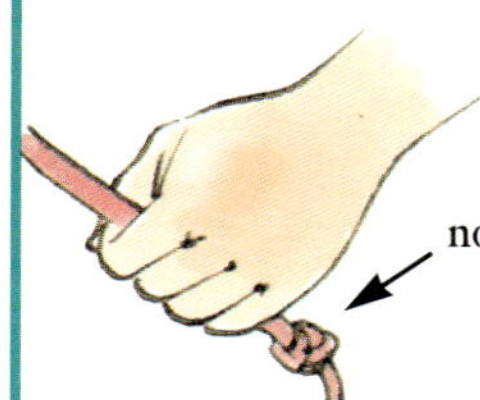

Conduire en filet

PRÉCAUTIONS À PRENDRE

- Marchez à la vitesse du cheval, pour éviter qu'il vous dépasse.
- S'il rechigne à avancer, ne le regardez pas et ne tirez pas sur la longe ou sur les rênes, car il reculerait par réaction.
- Faites un nœud à l'extrémité de la longe pour qu'elle ne vous échappe pas, mais ne l'enroulez jamais autour de votre main.

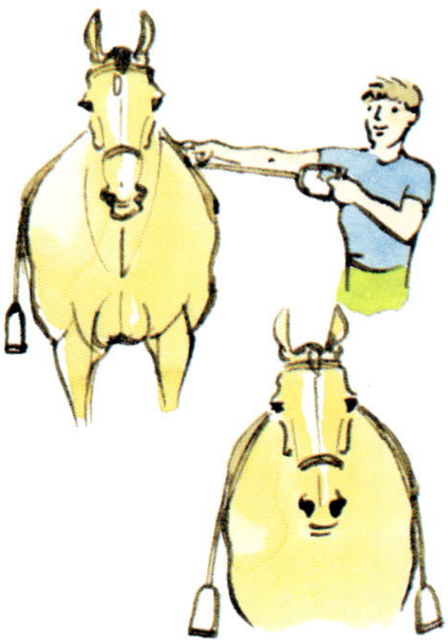

Réglez vos étrivières

Monter

Descendre

1. MONTER, DESCENDRE

COMMENT MONTER ?

– Avant de monter à cheval, réglez la longueur des étrivières en les comparant à celle de votre bras. Placez le poing fermé sous le petit quartier et le plancher de l'étrier sous l'aisselle. Si les étrivières sont usagées, ne vous fiez pas aux numéros. Assurez-vous ensuite que les deux étriers sont à la même hauteur en vous plaçant devant le cheval.
– Mettez-vous ensuite à hauteur de l'épaule gauche du cheval en vous tournant légèrement vers l'arrière.
– Ajustez les rênes et maintenez-les à plat sur l'encolure avec la main gauche, en saisissant éventuellement une poignée de crins.
– Engagez le pied gauche dans l'étrier en vous servant de la main droite.
– Prenez appel sur le pied droit pour vous mettre en selle, en ayant soin de pencher le buste vers l'avant pour éviter de trop tirer sur le troussequin avec la main droite.
– Lorsque vous êtes en selle, chaussez l'étrier droit.

COMMENT DESCENDRE ?

Ajustez les rênes pour immobiliser le cheval et tenez-les à plat sur le haut de l'encolure. Déchaussez les étriers, rejetez la jambe droite par-dessus la croupe, en prenant appui avec la main droite sur la selle, et mettez pied à terre avec légèreté.

PRÉCAUTIONS À PRENDRE

- Avant de monter, ressanglez pour éviter que la selle tourne.
- La rêne droite est ajustée plus courte que la gauche, ce qui maintient le cheval en place.
- En vous mettant en selle, ne piquez pas votre pointe de pied dans le flanc et n'effleurez pas la croupe du cheval. Asseyez-vous légèrement.
- Entraînez-vous à sauter à cheval et à monter également à droite.

2. CHAUSSER, DÉCHAUSSER LES ÉTRIERS

CHAUSSER LES ÉTRIERS

En pendant naturellement, le plancher des étriers se place parallèlement à l'axe du cheval. Tournez franchement les pointes des pieds vers l'intérieur pour les introduire dans les étriers, en vous assurant que les étrivières sont bien disposées sur leur plat.

DÉCHAUSSER LES ÉTRIERS ET LES CROISER

Pour travailler sans étriers, il faut les croiser sur l'encolure du cheval après les avoir déchaussés. Dégagez les boucles des couteaux d'étriers d'une dizaine de centimètres pour qu'elles ne frottent pas contre vos cuisses.

LA BONNE LONGUEUR DES ÉTRIVIÈRES

Le réglage des étrivières est variable suivant l'activité pratiquée. En règle générale, le plancher de l'étrier déchaussé doit arriver sensiblement au niveau de la cheville lorsque la jambe pend naturellement.

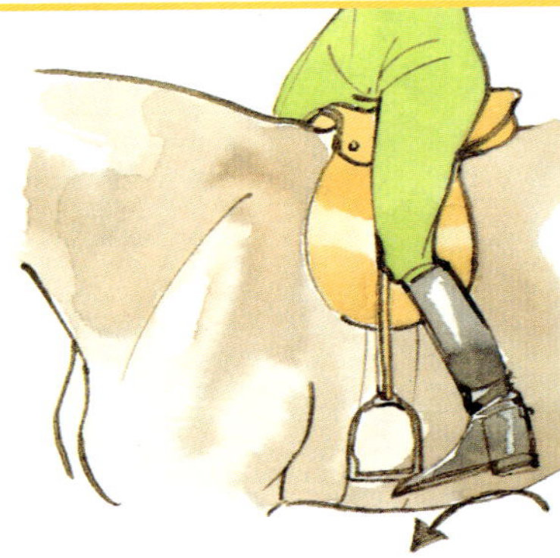

Chaussez par l'extérieur

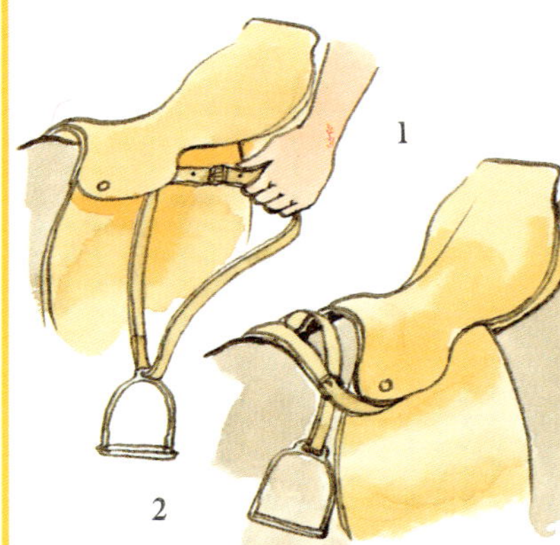

Croiser les étriers

La longueur habituelle

ERREURS À ÉVITER

- L'étrier ne doit pas être chaussé à fond, mais à environ un tiers du pied.
- Ne montez pas «en canard» en sortant les pointes de pied.
- Ne remontez pas les talons en vous appuyant sur la pointe des pieds.

Une rêne dans chaque main

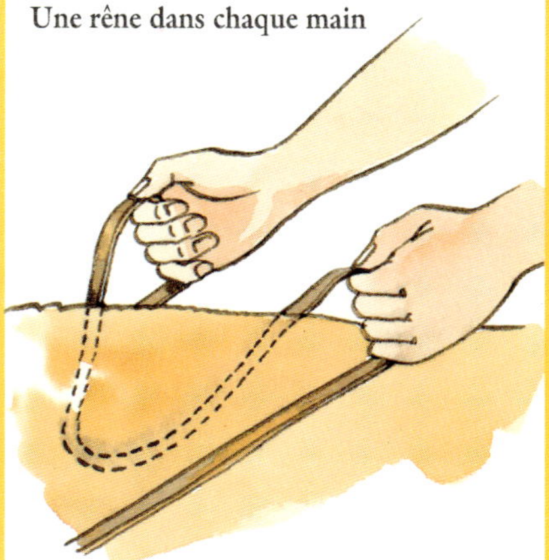

Les pouces au dessus

Deux rênes
dans la main droite

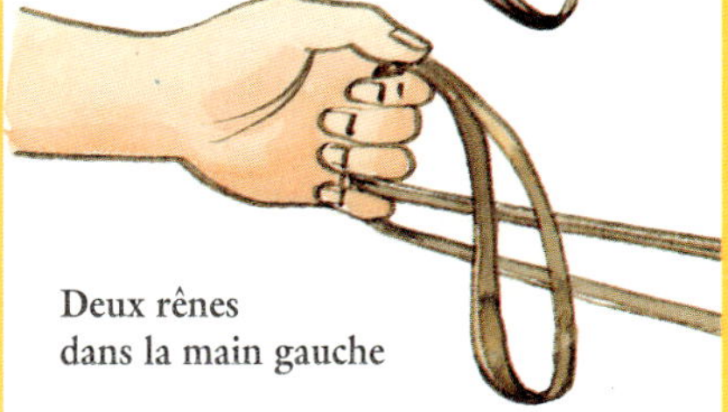

Deux rênes
dans la main gauche

3. TENIR LES RÊNES

Vous pouvez tenir une rêne dans chaque main ou les deux rênes dans l'une de vos mains. En position de travail, les deux rênes sont ajustées et d'égale longueur.

UNE RÊNE DANS CHAQUE MAIN

En partant de la bouche du cheval, la rêne passe sous le petit doigt et ressort entre le pouce et l'index.

Les ongles des mains se font face, le pouce au-dessus, les rênes sont dans le prolongement des avant-bras. Le flot libre des rênes tombe à droite et passe entre la rêne droite et l'encolure.

LES DEUX RÊNES DANS UNE MAIN

– Dans la main gauche, le petit doigt sépare les deux rênes qui sont superposées et maintenues entre le pouce et l'index.

– Dans la main droite, le flot des rênes sort vers le bas et l'index sépare les deux rênes.

À RETENIR

- Les rênes sont disposées à plat, sans être entortillées. Le pouce est placé sur la face externe de la rêne.
- Ne tournez pas les ongles vers le bas et ne cassez pas les poignets. Le bras tout entier doit rester souple. Le pouce et l'index sont serrés sur les rênes, pas les autres doigts.

4. ÊTRE STABLE AU PAS ET AU TROT

Une série d'assouplissements permet de décontracter les différentes parties du corps du cavalier.

■ Chaque exercice a un but précis et vise à améliorer la décontraction générale, à rendre indépendantes les différentes parties du corps et à perfectionner la position du cavalier.

■ Bien exécutés, ces assouplissements améliorent les trois qualités fondamentales du cavalier : la souplesse, la fixité et l'aisance à cheval.

Elevez alternativement les cuisses

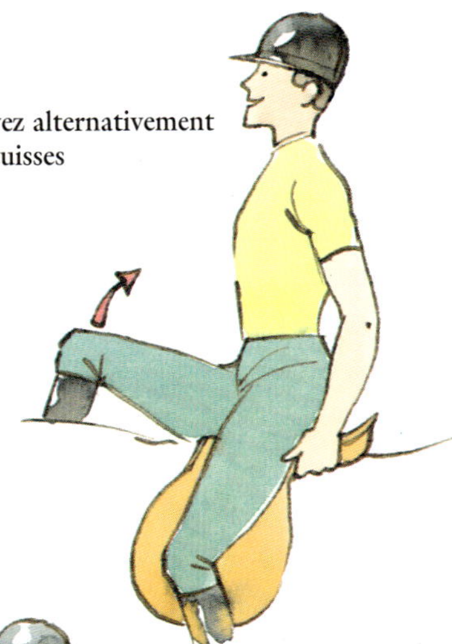

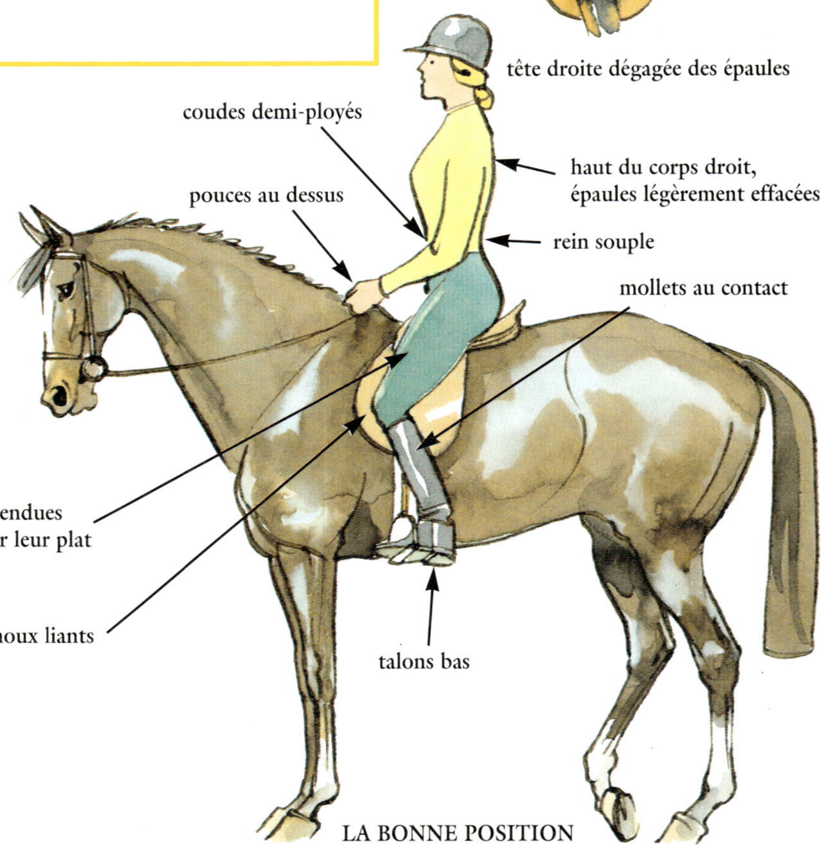

LA BONNE POSITION

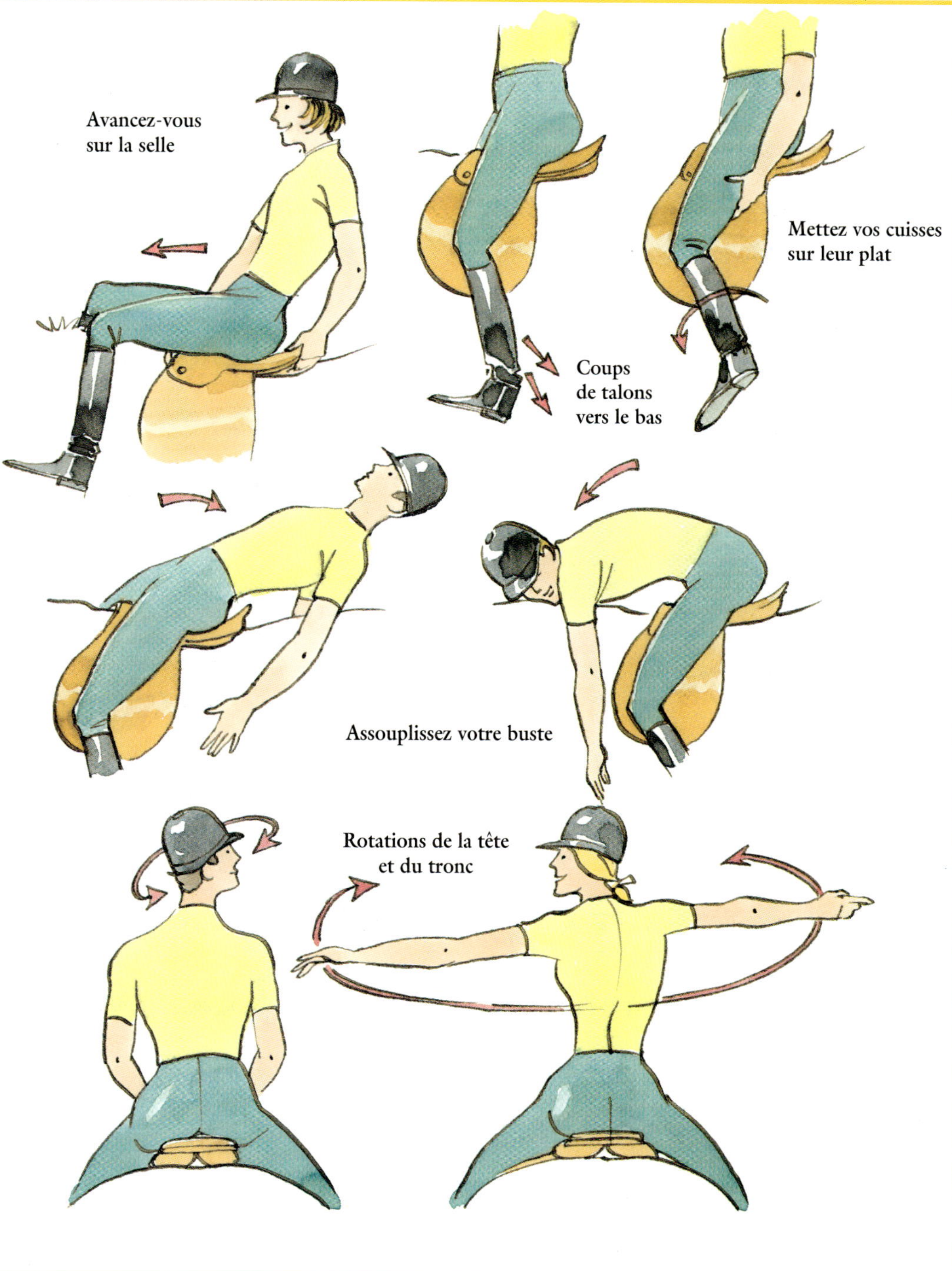
Avancez-vous sur la selle
Mettez vos cuisses sur leur plat
Coups de talons vers le bas
Assouplissez votre buste
Rotations de la tête et du tronc

5. S'ARRÊTER, PARTIR AU PAS

Pour ralentir et s'arrêter, le cavalier agit sur la bouche du cheval par l'intermédiaire du mors et des rênes.

● COMMENT S'ARRÊTER

Serrez progressivement les doigts sur les rênes ajustées, pour augmenter leur tension, en redressant le haut du corps tout en rejetant les épaules en arrière. Si le cheval rechigne à s'arrêter, répétez ces actions. Cédez en relâchant la tension des rênes, dès que le cheval a obéi.

● COMMENT PARTIR AU PAS

Après avoir desséré les doigts sur les rênes, agissez avec les jambes en exerçant des pressions simultanées et égales en arrière de la sangle. Si le cheval n'obéit pas, répétez votre action en utilisant éventuellement la cravache.

S'ARRÊTER

PARTIR AU PAS

À RETENIR

- Ne tirez pas sur les rênes et n'effectuez aucun mouvement brusque avec les mains : la bouche du cheval en souffrirait.
- Pour que le cheval s'arrête droit, conservez les jambes au contact.

INITIATION À CHEVAL

6. CHANGER DE DIRECTION AU PAS

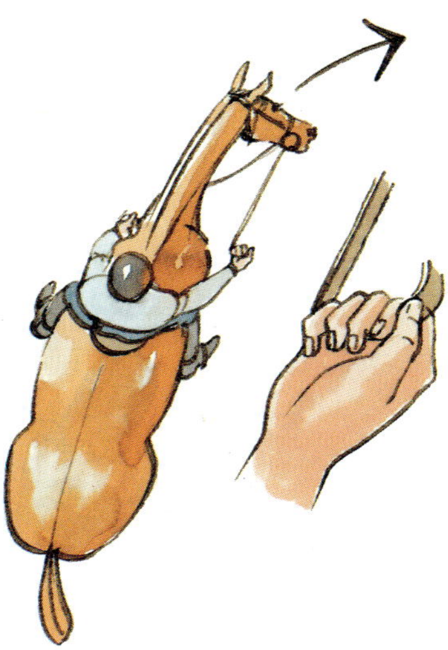

Votre main indique, vos jambes commandent

La manière la plus simple de changer de direction consiste à se servir de la rêne d'ouverture, du côté où l'on veut tourner. Procédez de la manière suivante pour tourner à droite, par exemple :

- mettez les ongles de la main droite vers le haut, en pivotant le poignet;

- écartez cette main vers la droite, sans éloigner le coude du votre buste.

Cette action attire le bout du nez de côté et incurve l'encolure.
Le cheval tourne dans la direction indiquée par la rêne d'ouverture si le mouvement en avant est entretenu par l'action des jambes.

PRÉCAUTIONS

- Avant d'exécuter une rêne d'ouverture, ajustez les rênes et gardez les jambes au contact pour que le cheval se sente guidé. Lorsque la main droite agit, la main gauche doit avancer légèrement pour permettre à l'encolure de s'incurver.
- La rêne d'ouverture est une rêne directe, car la main droite fait tourner le cheval à droite, et inversement.

7. PRENDRE LE TROT À PARTIR DU PAS

En augmentant sa vitesse, le cheval passe naturellement à l'allure supérieure.

■ Pour prendre le trot à partir du pas, exercez des pressions progressives des deux jambes, ce qui incite le cheval à accélérer. Renforcez éventuellement votre action en utilisant une cravache.

■ La même action de jambes ne produit pas le même effet sur tous les chevaux. Certains réagissent beaucoup plus vivement que d'autres.

■ Il faut donc commencer par des actions très légères pour juger la réaction du cheval. Le cavalier confirmé peut renforcer l'action de ses jambes avec des éperons.

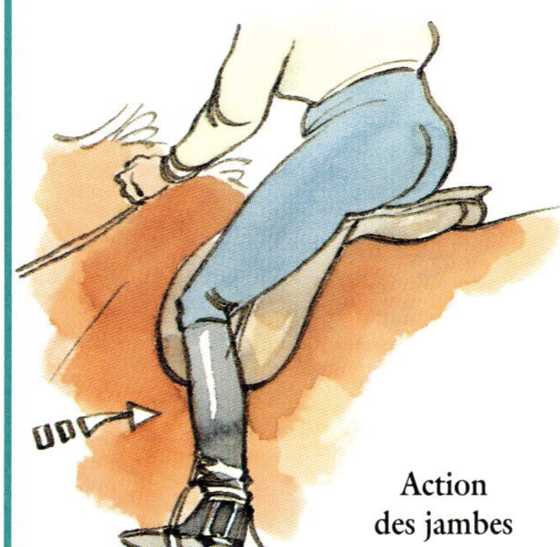

Action
des jambes

Agissez avec modération

PRÉCAUTIONS À PRENDRE

• Ne blasez pas le cheval par des à-coups répétés des talons.
• Il faut avoir les mains suffisamment fixes pour ne pas tirer sur la bouche lorsque les jambes agissent.
• Si le cheval rechigne à obéir, répétez les ordres avec fermeté.

8. RESSANGLER EN ÉTANT À CHEVAL

Il est nécessaire de savoir ressangler en étant en selle. Par ailleurs, certains poneys ont un corps si rond que la selle tourne, si elle n'est pas sanglée très fort.

Voici comment procéder :

– arrêtez le cheval, gardez les rênes ajustées dans la main droite et avancez la jambe gauche;

– soulevez le quartier et coincez-le sous la cuisse;

– avec la main gauche, tirez un après l'autre sur les contre-sanglons, en engageant avec l'index l'ardillon de la boucle dans le trou du contre-sanglon.

Ressanglez en étant à cheval

Attention aux chevaux chatouilleux !

PRÉCAUTIONS À PRENDRE

• Pour des raisons de sécurité, il est préférable d'arrêter le cheval dans le calme pour le ressangler.

• Le sanglage à nœud de cravate des selles western ne peut pas être resserré en étant à cheval.

• Il peut être nécessaire de ressangler à droite, si la sangle est bouclée au dernier trou à gauche.

CONNAISSANCES SPÉCIFIQUES

1. ACTIONS ÉLÉMENTAIRES DES MAINS ET DES JAMBES

Le cavalier se sert de ses jambes pour faire avancer le cheval. Pour changer de direction, ralentir ou s'arrêter, il se sert de ses mains par l'intermédiaire des rênes et du mors.

■ Les mains et les jambes sont des aides naturelles que le cavalier utilise pour communiquer avec sa monture.
Le cavalier agit avec ses jambes pour accélérer et avec ses mains pour ralentir et changer de direction. Il cède dès que le cheval a obéi.

■ L'accord des aides consiste à éviter les ordres contradictoires.
Les aides sont efficaces si le cavalier a établi le contact avec son cheval : rênes ajustées, mollets au contact. Pour y parvenir, il est nécessaire que les différentes parties du corps du cavalier soient indépendantes les unes des autres : on parle d'indépendance des aides.

ERREURS À ÉVITER

• Avec vos jambes, ne demandez pas au cheval d'avancer si les rênes, en étant tendues, lui commandent de rester en place.
• Ne donnez pas d'à-coups avec les mains lorsque vous agissez avec les jambes.
• Un cavalier confirmé complète l'action de ses mains et de ses jambes, en se servant du poids de son corps : on parle de l'assiette.

2. LES PRINCIPALES PARTIES DU HARNACHEMENT

Les harnachements sont généralement composés de :
– parties en cuir ou en matières synthétiques cousues, telles que rênes, licol, sangle, etc.;
– parties métalliques ou en plastique, telles que mors, boucles, etc.

MORS DE FILET

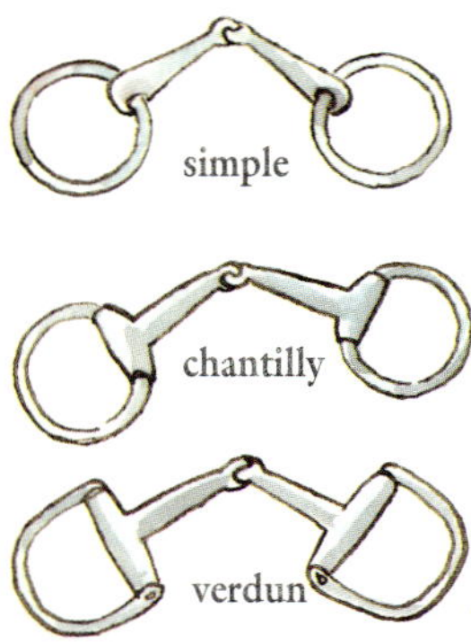

LE FILET

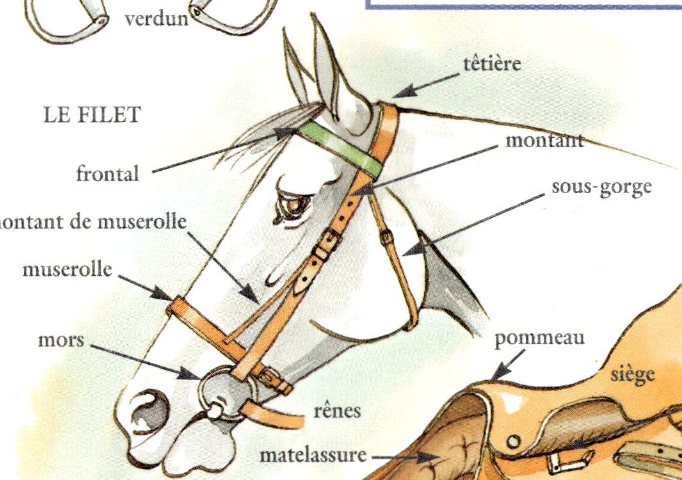

LE LICOL

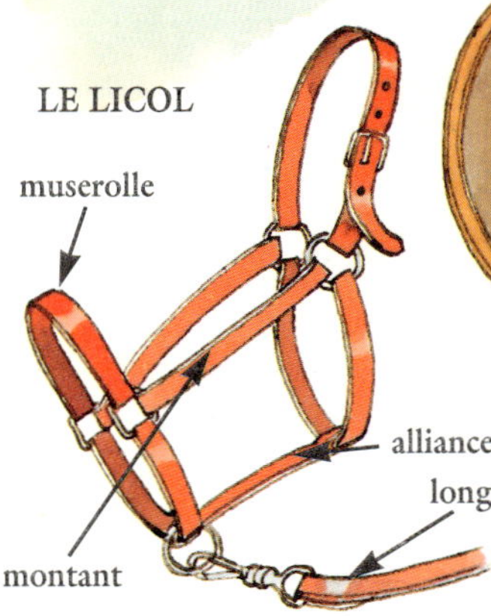

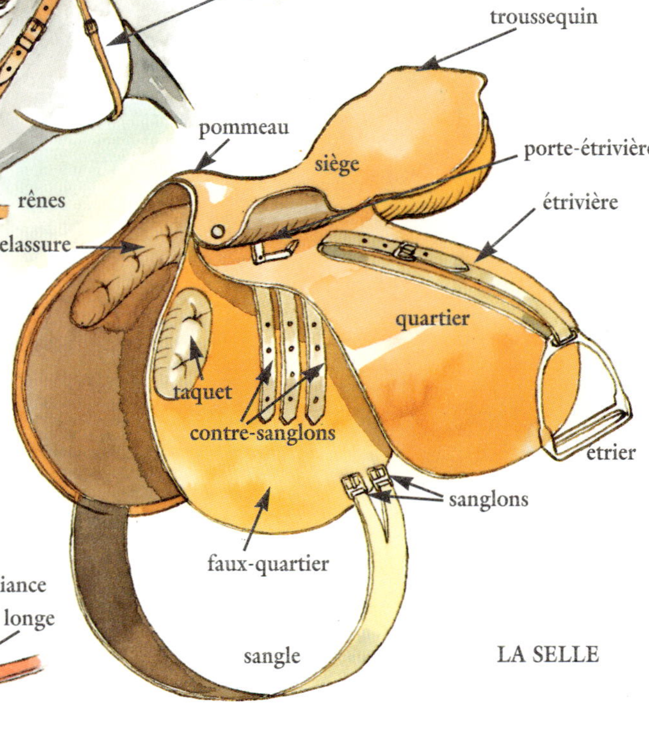

LA SELLE

L'herbe

Foin

Paille

Quelques friandises

1. ALIMENTS DE BASE

En pâture, le cheval se nourrit avec de l'herbe pendant les saisons chaudes.
S'il est hébergé dans un box, son alimentation se compose des éléments suivants :

- Les aliments riches sont soit du grain (orge ou avoine), soit de l'aliment industriel contenant des céréales et différentes plantes. Cet aliment se présente sous forme de granulés ou de flocons.

- Le foin est de l'herbe séchée puis pressée en ballots. Il est distribué en complément des aliments riches.

- La paille compose la litière et peut servir de complément.

- Les carottes ou les betteraves sont des aliments rafraîchissants.

- Sans abuser, on peut aussi donner au cheval des fruits, du pain et différentes friandises.

- L'eau est également indispensable au cheval. En moyenne, il boit entre 20 et 40 litres par jour, voire plus par temps chaud.

À SAVOIR

- Le cheval est assez difficile sur la qualité de sa nourriture. Ses besoins dépendent surtout de son poids et de l'intensité du travail qu'il fournit.
- Il faut éviter de modifier brusquement son alimentation.

2. PRINCIPALES PARTICULARITÉS DES ROBES

Les mêmes robes peuvent présenter des nuances différentes. On parle par exemple de bai brûlé, pour un cheval qui est presque noir.

Les marques de poils blancs servent également à différencier les robes et aident au «signalement du cheval».

■ Selon l'emplacement, ces marques blanches sont appelées :

– **liste** sur le chanfrein. La liste peut être étroite, large, régulière, déviée…

– **en-tête** sur le front. L'en-tête peut avoir la forme d'une étoile, d'une pelote, d'un losange…

– **balzane** aux extrémités des membres. Les balzanes peuvent être plus ou moins importantes et plus ou moins régulières. On parle par exemple de balzane à mi-canon pour préciser sa hauteur.

■ Une zone de peau rose dépigmentée aux extrémités des lèvres se nomme **ladre**.

■ Les **épis**, situés par exemple sur le front ou l'encolure, sont des directions irrégulières des poils.

■ La **raie de mulet** est une bande sombre qui va de la crinière à la racine de la queue.

■ Un cheval dont la tête est plus foncée que le reste du corps est appelé **cap de Maure**.

■ La robe du cheval **zain** est caractérisée par l'absence de poils blancs.

À SAVOIR

• Les particularités de la robe servent à identifier les chevaux.
• La couleur de la robe se modifie avec les saisons.
• Les robes grises s'éclaircissent au fur et à mesure que le cheval prend de l'âge.

3. RÔLE DE LA FERRURE

■ A l'état naturel, la corne des sabots d'un cheval non ferré s'use au fur et à mesure qu'elle pousse. Les fers protègent les pieds du cheval qui travaille sur des sols durs et abrasifs.
Les fers sont adaptés à la forme du pied et cloués dans la corne qui est insensible.

■ La ferrure ne doit pas gêner la fonction d'amortisseur du sabot. Protégée par le fer, la corne continue à pousser. En remplaçant régulièrement les fers usés, le maréchal-ferrant taille l'excès de corne : il pare les sabots.

■ Il n'est pas nécessaire de ferrer des chevaux et des poneys lorsqu'ils travaillent sur un sol meuble. Dans ce cas, le maréchal-ferrant taille et nivelle régulièrement la corne en parant les pieds d'aplomb.

PRÉCAUTIONS À PRENDRE

- La corne noire est plus dure que la corne blanche.
- Les pieds peuvent se déformer si le cheval est mal ferré ou s'il n'est pas régulièrement referré.
- En curant les pieds, vérifiez si chaque fer est solidement fixé au sabot.

1. DÉMONTER ET REMONTER UN FILET

■ Le filet est constitué de plusieurs pièces de cuir (ou de matières synthétiques) et d'un mors. Après avoir démonté le filet, il faut être capable de le remonter. Vous remarquerez que les différentes pièces sont assemblées soit avec des boucles classiques, soit avec des crochets ou encore des boucles «conway».

■ Quel que soit le système d'assemblage, voici dans quel ordre il faut remonter
(le démontage se fait en sens inverse) :
– enfilez l'ensemble têtière-sous-gorge dans les passants du frontal de façon que la sous-gorge se boucle du côté gauche;
– bouclez les deux montants, à la même hauteur;
– fixez les anneaux du mors sur les montants en respectant le sens;
– placez la muserolle sous la têtière en l'enfilant dans le bon sens dans les passants du frontal. Le montant de muserolle doit pouvoir se boucler à gauche;
– fixez les rênes au mors, en arrière des montants, la face lisse à l'extérieur.
La rêne portant la petite boucle d'assemblage est placée à gauche.

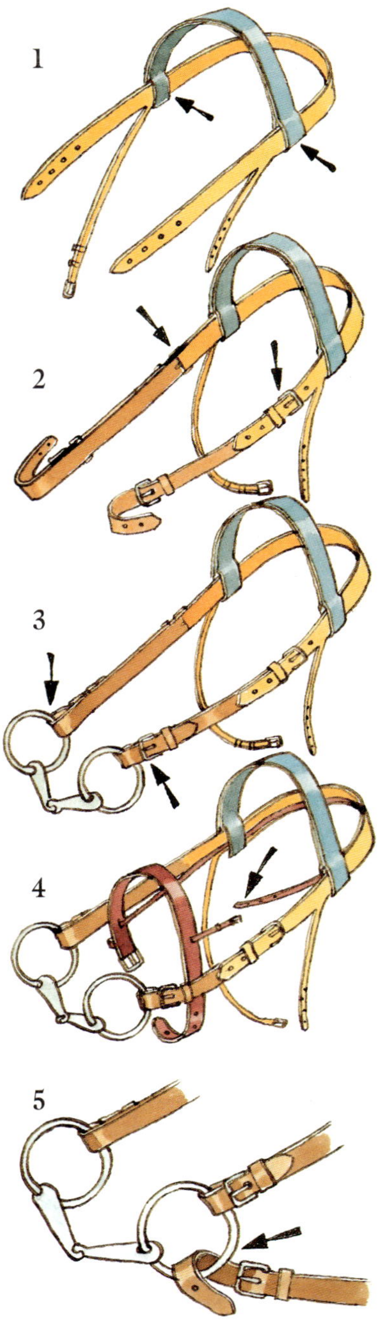

CONSEILS PRATIQUES

Le mors de filet est cintré pour se placer correctement dans la bouche du cheval. Respectez cette disposition en le remontant. Les crochets d'assemblage sont disposés à l'intérieur et les boucles à l'extérieur. N'oubliez pas de passer les passants.

2. NETTOYER ET ENTRETENIR LES HARNACHEMENTS

Il est préférable de démonter complètement les pièces du harnachement pour les nettoyer.

■ Nettoyez le mors en le mettant à tremper avant de le frotter avec une petite brosse dure. L'entretien du cuir se fait en deux opérations :
– nettoyez, sur les deux faces du cuir, la boue et la sueur avec une éponge enduite de savon glycériné (beaucoup de savon, peu d'eau);
– nourrissez le cuir avec une graisse à cuir ou un produit cirant pour qu'il retrouve sa souplesse naturelle, surtout s'il a été mouillé par la pluie.

■ Les matières synthétiques sont simplement lavées à l'eau claire et au savon.
Les tapis de selle en coton ou en synthétique peuvent être lavés dans un lave-linge et soigneusement rincés.

PRÉCAUTIONS À PRENDRE

- Profitez du nettoyage pour vérifier l'usure du harnachement.
- Le cuir s'encrasse et moisit si vous le graissez trop.
- Evitez de graisser les parties en contact avec le cavalier.

3. EFFECTUER UN PANSAGE COMPLET

Le pansage nettoie le cheval, le masse, favorise sa respiration cutanée et lui procure une sensation agréable. C'est également l'occasion de vérifier que tout va bien. En suivant l'ordre d'utilisation des instruments de pansage, commencez par le côté gauche et sur les parties hautes. Brossez également la crinière, la queue et n'oubliez pas la tête.

ORDRE	NOM	DESSIN	ACTION	COMMENT PROCÉDER ?
au début ou à la fin du pansage	**cure-pied**	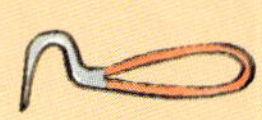	■ dégage les lacunes et la sole	■ grattez doucement pour ne pas abîmer la corne
2	**étrille**		■ gratte la boue des parties charnues	■ passez avec des mouvements circulaires
3	**bouchon**	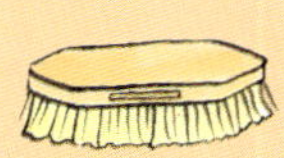	■ débarrasse les poils des poussières	■ frottez dans les deux sens du poil pour extraire la poussière à la base des poils
4	**brosse douce**		■ extirpe les poussières sous les poils	■ frottez un coup à rebrousse-poil et un coup dans le sens des poils, passez ensuite sur l'étrille pour enlever les poussières
5	**époussette**	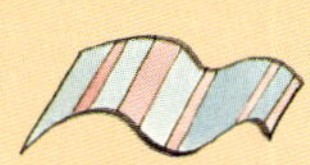	■ lustre les poils	■ passez l'époussette sur tout le corps
6	**éponge humide**		■ lave la sueur et les saletés	■ lavez les yeux, les naseaux, puis le haut de la queue, la vulve, l'anus ou le fourreau

1. TENIR EN POSITION ASSISE ET EN ÉQUILIBRE

POSITION ASSISE

La position décrite sur le dessin doit s'adapter aux différents mouvements du cheval pour donner au cavalier l'assiette qui lui permet de rester lié à sa monture quelles que soient ses réactions.

POSITION EN ÉQUILIBRE

Prenez appui sur les étriers pour soulever les fesses au-dessus de la selle en conservant le dos plat et en avançant légèrement les épaules. Au besoin, posez les mains sur l'encolure pour vous aider à maintenir votre équilibre. Restez souple et décontracté.

PRINCIPAUX DÉFAUTS

(Voir dessins)

BON

Assis sans étriers : le rein souple, les jambes tombent, les épaules en arrière

BON

Assis avec étriers : même position, l'étrier porte le poids de la jambe

MAUVAIS

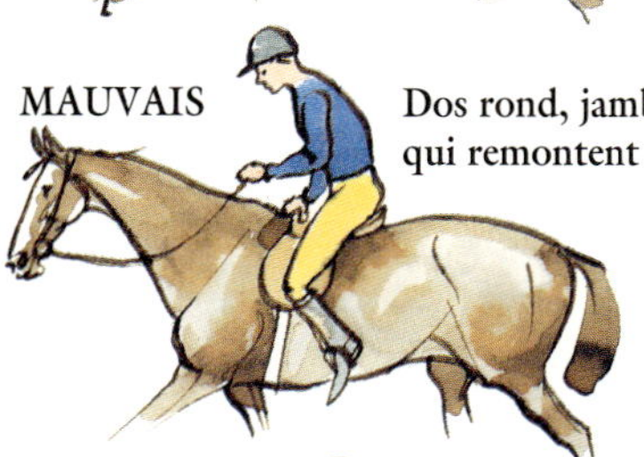

Dos rond, jambes qui remontent

POSITION EN ÉQUILIBRE

BON
En équilibre, souple, au-dessus de ses pieds

MAUVAIS
Raide, étriers chaussés à fond

MAUVAIS
Jambes en avant, dos rond, le cavalier se tient à la bouche

2. CONSERVER SES DISTANCES AU PAS ET AU TROT

Lorsque vous travaillez en reprise ou lors d'une sortie collective, conservez vos distances par rapport au cheval qui vous précède.

■ Celui qui est devant a tendance à botter celui qui le suit de trop près, car il peut se croire agressé. Celui qui est derrière risque de marcher sur les talons de celui qui le précède. Il faut donc conserver la longueur d'un cheval entre deux chevaux. Cette distance de sécurité peut être réduite lorsque les chevaux marchent au pas, et être augmentée lors d'un galop collectif, particulièrement à l'extérieur.

■ Dans une file de chevaux, il est prudent d'alterner les juments et les hongres car ils s'entendent généralement bien.

MESURES DE PRUDENCE

• A l'arrêt dans un manège, disposez les chevaux parallèlement sur la ligne du milieu et empêchez-les de se présenter les postérieurs.
• Ne les laissez pas se flairer, car cela déclenche souvent des querelles.

3. TROTTER ENLEVÉ AVEC UN DIAGONAL INDIQUÉ

Comme il est indiqué plus loin pour le mécanisme du trot enlevé, le cavalier s'accorde avec l'un des bipèdes diagonaux, en se levant un temps sur deux, évitant ainsi une réaction sur deux.
Pour trotter enlevé, mettez-vous en équilibre au-dessus de vos pieds, le buste légèrement penché en avant et soulevez-vous légèrement un temps sur deux lorsque le cheval trotte.

■ Par définition, le cavalier trotte à droite s'il se rasseoit lorsque le diagonal droit (antérieur droit et postérieur gauche) est à l'appui. Et inversement.

■ Vous pouvez repérer le diagonal sur lequel vous trottez en observant le mouvement des épaules du cheval. L'épaule est avancée lorsqu'il pose son antérieur correspondant.

ERREURS À ÉVITER

• Ne vous raccrochez pas aux rênes pour vous soulever de la selle et évitez d'avancer les jambes.
• Rythmez-vous sur le trot du cheval et évitez de rester assis dans la selle pendant deux temps.

4. GALOPER

En augmentant la vitesse du trot, le cheval passe naturellement au galop par allongement d'allure.
Au galop, un antérieur et le postérieur du même côté (bipède latéral) prennent de l'avance sur les membres situés de l'autre côté.
On dit que le cheval galope à droite lorsque le bipède latéral droit prend de l'avance sur le gauche, et inversement.
Le cheval galope naturellement à droite en tournant à droite, et inversement.
Pour sentir le mouvement de bascule du cheval, galopez sans étriers.

À SAVOIR

- Au galop, il faut suivre le mouvement de bascule du cheval et éviter de s'appuyer sur les étriers pour conserver le contact de la selle.
- Au galop rapide, vous pouvez vous mettre en suspension au-dessus de vos étriers.

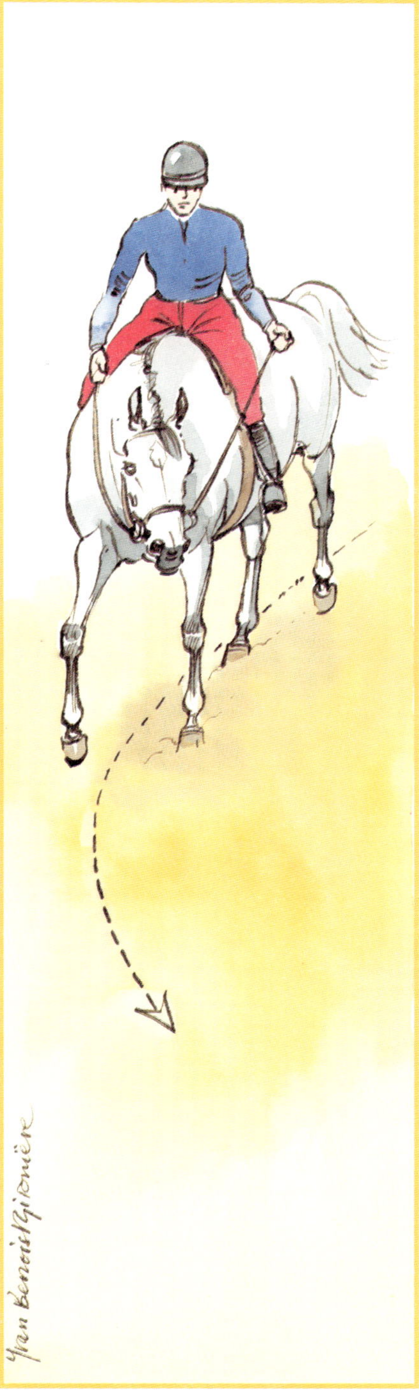

5. CHANGER DE DIRECTION AU PAS ET AU TROT AVEC UNE RÊNE DANS CHAQUE MAIN

■ La façon la plus simple de changer de direction consiste à effectuer une rêne d'ouverture ou rêne directe (voir description p. 25).
Au trot surtout, évitez de donner avec les mains des à-coups qui rendent la conduite imprécise et gênent le cheval. Le fait de tourner le poignet pour mettre les ongles vers le haut, avec les rênes ajustées, prévient le cheval de votre intention de tourner.

■ La tête et l'encolure du cheval représentent son gouvernail. En écartant la main, le cavalier attire la tête du cheval de côté, infléchit l'encolure et indique ainsi la direction à suivre. Pour tourner correctement, il est nécessaire d'entretenir l'impulsion avec les jambes.

À SAVOIR

• Lorsqu'une main exécute une rêne d'ouverture, les doigts de l'autre main se desserrent légèrement pour permettre à l'encolure de se ployer.
• Quand le cheval a terminé de tourner, les deux mains reviennent dans leur position normale.

6. EFFECTUER : DOUBLERS, DIAGONALES, CERCLES ET DEMI-CERCLES

Les figures de manège doivent être exécutées avec précision à une allure régulière.

■ Le doubler peut être fait dans la longueur ou dans une largeur. Prendre deux lettres opposées comme repères. Pendant la ligne droite, le cheval ne doit pas «flotter» mais marcher droit. Reprenez la même main après avoir doublé.

■ La diagonale permet de changer de main. Elle commence quelques mètres après le coin et rejoint la piste opposée quelques mètres avant l'autre coin.

■ Le cercle est généralement exécuté à une extrémité du manège et son diamètre correspond à la largeur. Dirigez votre regard vers le milieu du cercle, ce qui fait tourner légèrement vos épaules et incite le cheval à arrondir correctement le cercle.

Doubler dans la largeur

Changez de main dans la diagonale

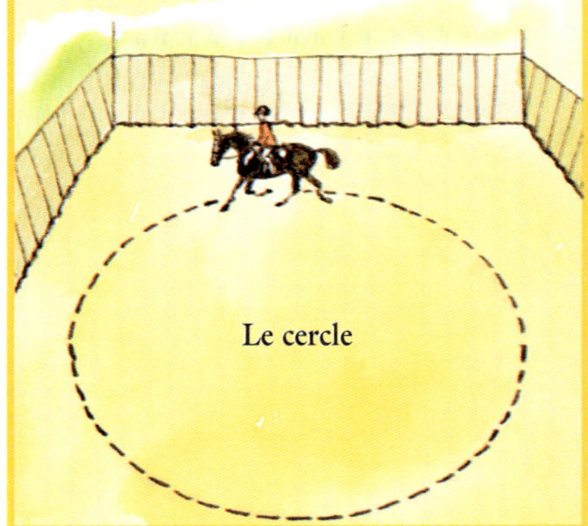

Le cercle

À SAVOIR

- Servez-vous des lettres du manège comme points de repère pour terminer le cercle à l'endroit où vous l'avez commencé.
- Dans les doublers, gardez vos jambes en contact pour canaliser l'arrière-main du cheval. Plus tard, vous apprendrez à vous servir du poids de votre corps.

Réglage des étriers

Défaut de réglage

7. RÉGLER LES ÉTRIERS EN ÉTANT À CHEVAL

Le cavalier doit savoir régler la longueur des étrivières en étant en selle.

■ Commencez par arrêter le cheval et dégagez la boucle de l'étrivière.

■ Modifiez sa longueur en comptant le nombre de trous.

■ Pour ramener la boucle sous le petit quartier, faites coulisser l'étrivière en tirant sur la partie qui est en contact avec le cheval.

■ Chaussez l'étrier et faites de même avec l'autre étrivière, en décalant la boucle du même nombre de trous.
Pour juger si les étrivières ont la même longueur, avancez de quelques pas car, à l'arrêt, le cheval peut se déhancher.

À SAVOIR

- L'étrier est chaussé au tiers du pied, le talon bas, ce qui durcit le mollet.
- L'étrivière chaussée à l'endroit doit être à plat contre la tige de la botte.
- Les étrivières des selles western ne peuvent pas se régler en étant à cheval.
- En position normale, le plancher de l'étrier déchaussé doit arriver sensiblement à hauteur de la cheville.

8. FRANCHIR DES CAVALETTIS EN CONSERVANT LA POSITION EN ÉQUILIBRE SUR LES ÉTRIERS

Pour conserver la position en équilibre, il faut :

- régler les étriers suffisamment courts;
- rester bien «au-dessus de ses pieds», étriers chaussés au tiers du pied;
- pencher le buste légèrement en avant, rênes ajustées, mains basses, éventuellement posées sur l'encolure;
- aborder les obstacles au milieu, à l'allure indiquée;
- rester souple, pour amortir les sauts.

PRÉCAUTIONS

- Ne laissez pas le cheval «prendre la main» car, en accélérant, il risquerait de dérober.
- Entre deux cavalettis, reprenez l'allure que vous vous étiez imposée au départ.
- N'avancez pas les jambes, vous retomberiez dans la selle.

CONNAISSANCES SPÉCIFIQUES

• En rouge : aides naturelles
• En bleu : aides artificielles

1. LES AIDES NATURELLES ET ARTIFICIELLES

Pour communiquer avec sa monture et la conduire, le cavalier dispose d'aides. Elles peuvent être naturelles ou artificielles.

● LES AIDES NATURELLES

Ce sont les jambes, les mains et le poids du corps par l'intermédiaire de l'assiette.
L'assiette est la qualité qui permet au cavalier de rester maître de son équilibre en toutes circonstances et quelles que soient les réactions du cheval.
La voix permet également de communiquer avec le cheval.

● LES AIDES ARTIFICIELLES

Les deux principales sont la cravache et les éperons.

● TABLEAU D'UTILISATION DES AIDES

EFFET RECHERCHÉ	MAINS	JAMBES	POIDS	ASSIETTE
Mettre le cheval en avant		■		■
Entretenir le mouvement		■		■
Augmenter le mouvement		■		■
Ralentir le mouvement	■			
Diriger le mouvement pour tourner	■		■	■

CONNAISSANCES SPÉCIFIQUES

2. MÉCANISME DU TROT ENLEVÉ

Le trot enlevé permet d'amortir les secousses en se soulevant hors de sa selle un temps sur deux. Pour y parvenir, le cavalier prend appui sur les étriers, jambes en place, dos droit, sans regarder par terre. Au trot enlevé, le cavalier reste donc assis lorsque l'un des deux bipèdes diagonaux vient à l'appui (se pose), et il se lève au-dessus de ses étriers lorsque l'autre diagonal vient à l'appui. Comme il a été indiqué plus haut, il peut donc choisir le diagonal sur lequel il trotte, en s'accordant sur le rythme du cheval.

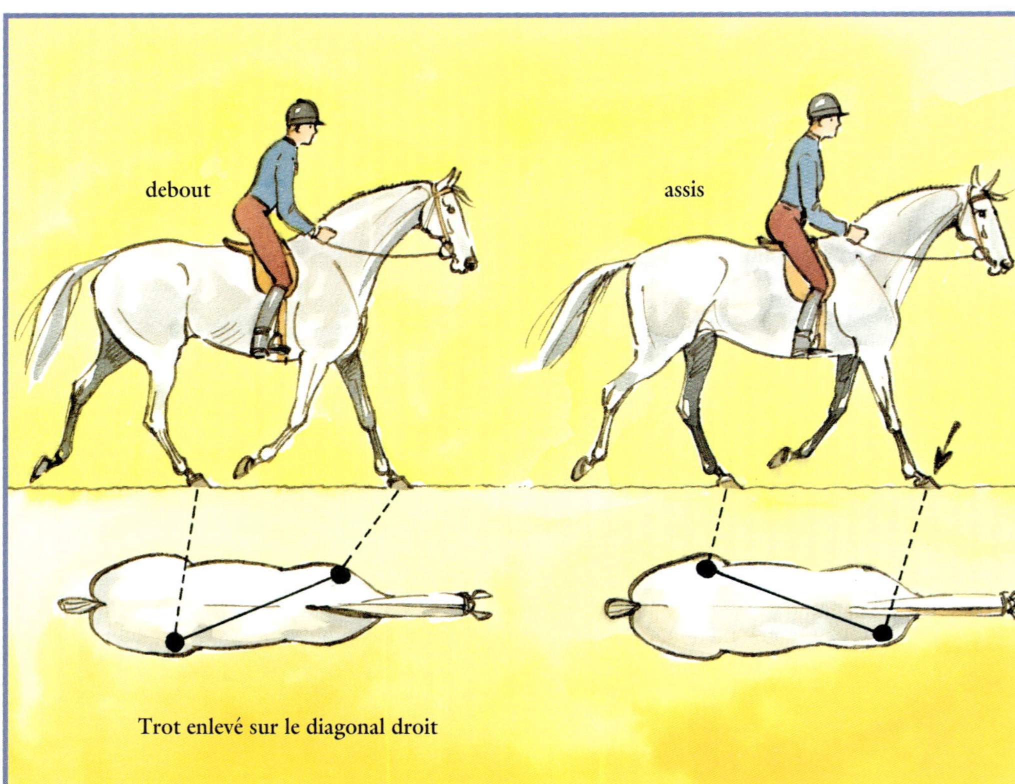

Trot enlevé sur le diagonal droit

PRÉCAUTIONS

- Evitez de vous soulever trop haut au-dessus de la selle et de vous rasseoir lourdement.
- Efforcez-vous de conserver les mains en place, sans vous raccrocher aux rênes.

Ne trottez pas toujours
sur le même diagonal

3. POURQUOI CHANGER DE DIAGONAL ?

Le cavalier est amené à changer le diagonal sur lequel il trotte pour plusieurs raisons.

● EN MANÈGE

Pour des raisons d'équilibre, le cavalier trotte sur le bipède diagonal extérieur (côté mur). Il faut donc changer de diagonal à chaque changement de main. Sur la diagonale, le changement se fait au niveau du point X.

● À L'EXTÉRIEUR

En promenade, pensez à changer de temps en temps de diagonal pour équilibrer la fatigue des épaules du cheval.

● COMMENT CHANGER DE DIAGONAL ?

Tout en restant au trot enlevé, il suffit de rester assis ou debout pendant deux battues d'affilée pour changer de diagonal.

PRÉCAUTIONS À PRENDRE

• A l'extérieur, surtout si vous n'y prenez garde, vous trotterez toujours sur le même diagonal. Il faut donc penser à en changer.

• A chaque changement de diagonal, le cheval a besoin de deux ou trois foulées pour se rééquilibrer.

1. PARTIES DU CORPS ET DES MEMBRES

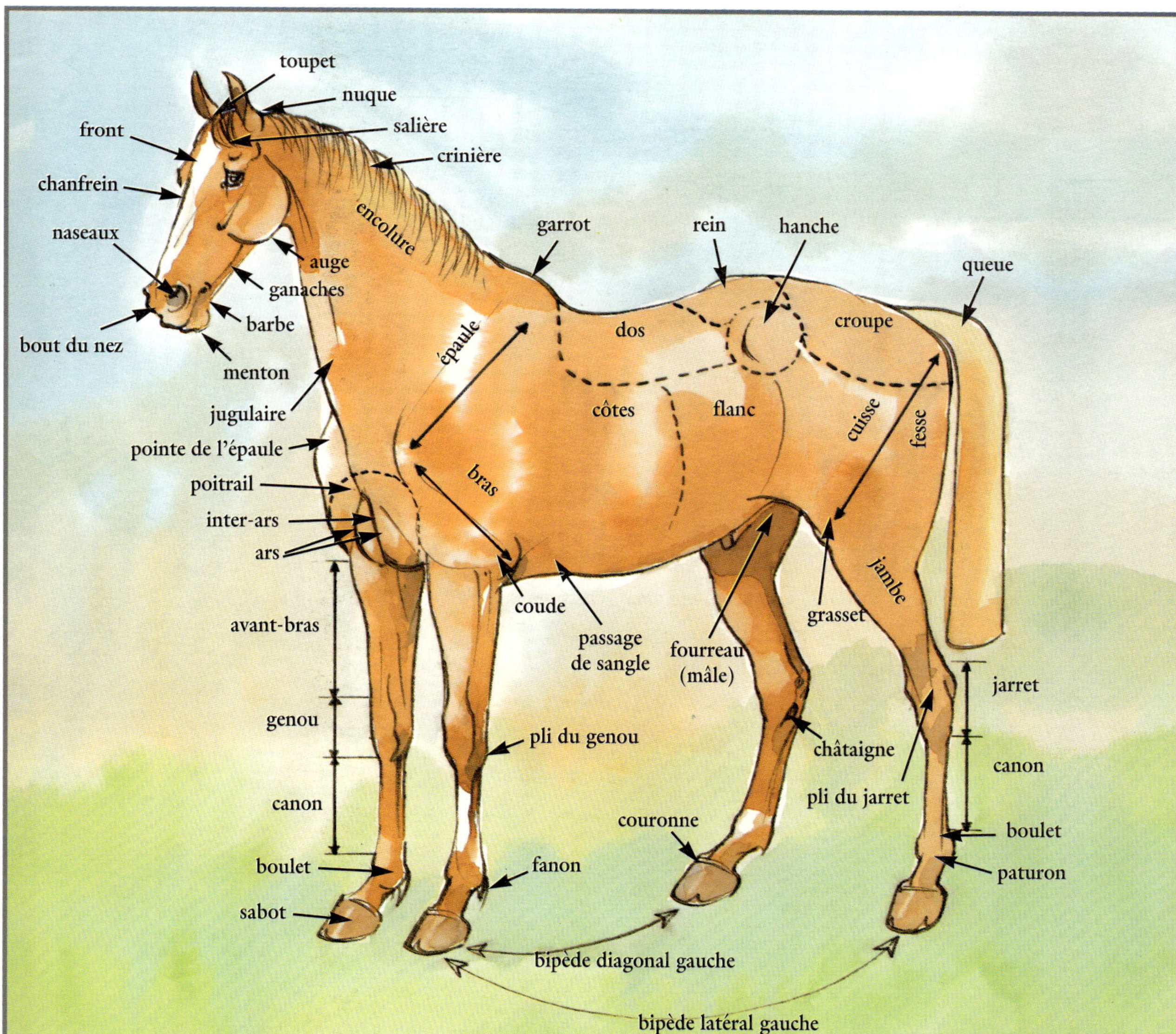

2. LES ALLURES

Le cheval dispose de trois allures naturelles pour se déplacer : le pas, le trot et le galop.

● VITESSES

Au pas, sa vitesse est de 6 à 7 km à l'heure (5 à 6 km à l'heure pour un poney). Au trot, elle est environ du double, soit 12 à 14 km à l'heure, mais les trotteurs de course sont beaucoup plus rapides. La vitesse du galop est de 20 à 30 km à l'heure, avec des pointes à plus de 60 pour les chevaux de course.
Pour se souvenir des vitesses : 7 pour le pas, 14 pour le trot et 21 pour le galop (7-14-21 : multiples de 7).

● MÉCANISMES ÉLÉMENTAIRES

On nomme bipède l'association de deux pieds. Comme l'indique le croquis, les quatre membres définissent six bipèdes. Suivant les allures, les pieds se posent dans l'ordre indiqué aux croquis.

■ Le pas

Le pas est une allure :
– marchée, car le cheval est toujours en contact avec le sol, ce qui n'est pas le cas des allures sautées;
– symétrique, car les mouvements des pieds du côté gauche sont répétés de la même manière par ceux du côté droit;
– à quatre temps, car les quatre pieds se lèvent et se posent l'un après l'autre. Le mouvement vertical de l'encolure joue un rôle de balancier.

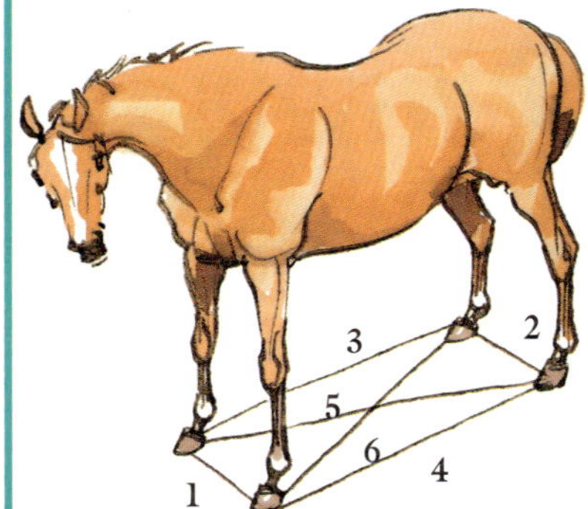

1. Bipède antérieur
2. Bipède postérieur
3. Bipède latéral droit
4. Bipède latéral gauche
5. Bipède diagonal droit
6. Bipède diagonal gauche

PAS

1 heure ⟶ 7 km

TROT

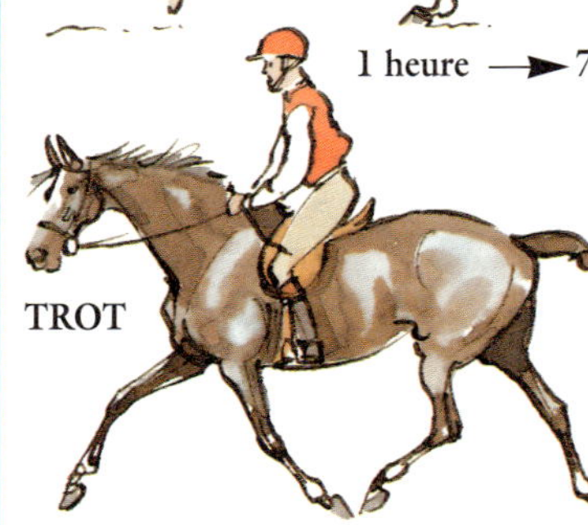

1 heure ⟶ 14 km

GALOP

1 heure ⟶ 21 km

Galop à droite

Le latéral droit prend de l'avance sur le gauche

Galop à droite pour tourner à droite

■ **Le trot**

Le trot est une allure :

– sautée, car pendant la période de projection, aucun pied ne touche le sol;

– symétrique, car le bipède diagonal gauche exécute le même mouvement que le droit;

– à deux temps, car le cheval saute d'un diagonal sur l'autre, entrecoupés d'une période de projection.

■ **Le galop**

Le galop est une allure :

– dissymétrique, car le mouvement d'un membre n'est pas répété de la même manière par le membre situé de l'autre côté;

– sautée, contrairement aux allures marchées;

– à trois temps, le troisième temps comprenant une période de projection.

Vous observerez qu'en tournant à droite, le cheval galope à droite, c'est-à-dire que son bipède latéral droit (antérieur droit et postérieur droit) prend de l'avance sur le gauche; et inversement.

À SAVOIR

• Au trot, un cheval fatigué ou souffrant peut «désunir» les deux membres du même diagonal.

• Le cheval peut aussi se déplacer avec des allures irrégulières, qui sont étudiées au galop 5.

1. RECONNAÎTRE ET DISTRIBUER LES ALIMENTS ET LES FOURRAGES

LE FOURRAGE

Le foin de pré est de l'herbe séchée puis pressée en ballots. Le foin de pré présente des feuilles variées. Le foin de luzerne se reconnaît aux feuilles arrondies qui s'effritent lorsqu'on les froisse. La qualité du foin dépend des espèces qui le composent, du séchage et du stockage. Ne donnez jamais de foin moisi ou fraîchement récolté.

LA PAILLE

La bonne paille est jaune, n'a pas d'odeur et ses tiges sont longues.

ALIMENTS RICHES

– Les grains : le cheval peut consommer de l'avoine, de l'orge ou du maïs. Les grains d'avoine peuvent être blancs ou noirs alors que l'orge n'est jamais noire. Les grains durs de l'orge sont souvent aplatis ou trempés. Le maïs doit être concassé.

– Les aliments industriels : ils se présentent en granulés (bouchons) ou en flocons. Ils sont fabriqués à partir de céréales et de fourrages cuits. Les aliments complets contiennent tous les besoins alimentaires du cheval.

ORDRE DE DISTRIBUTION ET ABREUVEMENT

Le foin est donné avant l'aliment riche car, dans le cas contraire, il le chasserait hors de l'estomac. Le cheval boit entre 20 et 40 litres par jour, voire plus. Il doit boire avant de consommer le grain pour ne pas que l'eau chasse le grain hors de l'estomac. Après avoir consommé le foin, il a généralement soif.

PRÉCAUTIONS À PRENDRE

- La ration journalière doit être fractionnée en trois repas au minimum, car le volume de l'estomac du cheval est relativement faible (15 à 18 litres).
- Le repas le plus copieux est donné le soir, car le cheval a toute la nuit pour le consommer.

Bouchonnez-le avec une poignée de paille

Curez-lui les pieds

Après la douche,
passez le couteau de chaleur

2. INSPECTER ET SOIGNER UN CHEVAL APRÈS LE TRAVAIL

Si votre cheval est en sueur, bouchonnez-le énergiquement avec une poignée de paille sèche serrée, pour absorber l'humidité et le masser. Vous en profiterez pour vérifier que son dos, son garrot, son passage de sangle et sa bouche ne sont pas blessés.
Douchez longuement les tendons de ses membres et séchez les plis des paturons.
Curez ses pieds en les inspectant et en vérifiant la bonne tenue de la ferrure.
S'il a soif et surtout si l'eau est très froide, laissez-le boire modérément en plusieurs fois.
S'il fait chaud, vous pouvez le doucher complètement et passer le couteau de chaleur pour essorer son poil.

AUTRES PRÉCAUTIONS

- En hiver, ne dessellez pas le cheval immédiatement après le travail s'il doit rester attaché à l'extérieur. Dans ce cas, évitez les courants d'air et couvrez-le éventuellement.
- Par temps chaud, vérifiez s'il a bu normalement.

3. FAIRE UNE LITIÈRE

La litière isole le cheval du froid et assure son confort lorsqu'il se couche. De plus, elle absorbe ses urines.

■ Chaque jour, enlevez la paille souillée et remettez-en de la propre en la disposant sur les bords, pour que le cheval puisse s'occuper à la grignoter avant de la souiller. Laissez en place la couche inférieure compacte, isolante et absorbante, appelée gâteau.

■ Une fois par semaine ou toutes les deux semaines, curez le box à fond, récurez le sol et désinfectez-le éventuellement.

■ Les instruments utilisés par le palefrenier sont :
– la fourche, qui sert à manier la paille et le fumier;
– la raclette, utile pour gratter le sol du box;
– le balai et le râteau à paille, pour nettoyer les allées;
– la brouette ou un engin mécanique, pour transporter la paille et le fumier.

PRÉCAUTIONS À PRENDRE

• La paille peut être remplacée par de la tourbe, très absorbante, ou par des copeaux.
• Une trop grande épaisseur de litière gêne le cheval.
• La corne s'abîme sur une litière humide en permanence.

4. AJUSTER LE HARNACHEMENT

■ Réglez les montants du filet de telle sorte que le mors soit en contact avec les commissures de lèvres, sans les comprimer. Ne serrez pas trop la sous-gorge. On doit pouvoir passer le poing entre la gorge et la lanière.

■ La muserolle «à la française» prend place à deux doigts sous l'apophyse zygomatique.

■ La muserolle du licol prend place à mi-chanfrein. La muserolle du hackamore prend place à quelques centimètres au-dessus des naseaux sans cependant gêner la respiration.

■ La sangle de la selle est placée à un plat de main derrière les coudes.

■ Le mors de filet doit dépasser de quelques millimètres de chaque côté de la bouche.

PRÉCAUTIONS À PRENDRE

- Un harnachement mal adapté gêne le cheval et peut le blesser.
- Dans une écurie, il est préférable que chaque cheval ait sa propre embouchure.

1. GARDER LA POSITION ASSISE, AVEC OU SANS ÉTRIERS, AUX TROIS ALLURES, SANS UTILISER LES MAINS OU LES JAMBES COMME MOYEN DE TENUE

La souplesse des reins, l'équilibre et la position permettent au cavalier d'accompagner les mouvements du cheval.

■ Au pas, le cavalier suit les ondulations de sa monture avec ses reins et son dos, pendant que ses jambes pendent naturellement en enveloppant le cheval. La pointe des pieds tombe librement lorsque les étriers sont déchaussés.

■ Au trot assis, les épaules sont rejetées en arrière. La souplesse des reins et les mouvements du bassin amortissent les secousses. C'est au trot assis, sans étriers, que le cavalier perfectionne son assiette.

■ Au galop, le mouvement de bascule du cheval est amorti par le jeu des reins et du dos du cavalier. L'assiette épouse le mouvement de bascule du galop.

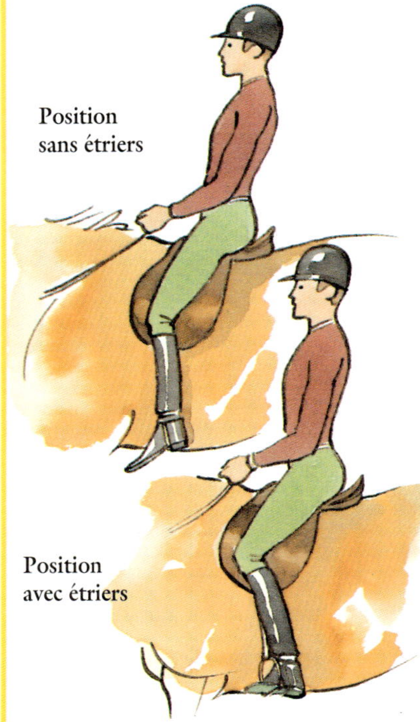

Au galop, le rein accompagne la bascule et les mains, l'allongement de l'encolure

CONSEILS PRATIQUES

- Sans étriers, les jambes sont «descendues» sans serrer les genoux.
- Ne vous penchez pas en avant, votre bassin ne s'articulerait plus correctement.

Dans vos allures, tenez compte de la taille des chevaux

A l'extérieur, gardez vos distances

2. CONSERVER SES DISTANCES AUX TROIS ALLURES

Par instinct, les chevaux ont tendance à se dépasser lorsqu'ils évoluent à plusieurs à des allures vives.

■ Dans un groupe de cavaliers, en reprise ou à l'extérieur, ne vous suivez pas de trop près mais conservez une longueur de cheval entre deux chevaux. Vous éviterez des coups de pied, des atteintes ou l'arrachement de fers postérieurs par le cheval qui suit de trop près.

■ Il est préférable de grouper des chevaux de même taille, pour éviter que les plus petits trottinent pendant que les autres sont au pas. Dès le début du travail collectif, obligez le cheval à respecter ses distances par rapport aux autres.

■ A l'extérieur et surtout aux allures vives, augmentez les écarts entre les chevaux, car la nature du terrain peut imposer des variations d'allures.

MESURES DE SÉCURITÉ

• Prévenez les cavaliers qui vous suivent de tous vos changements d'allure et de direction.
• Pour éviter qu'ils soient tentés de se dépasser, ne décalez pas les chevaux lorsqu'ils se suivent.

3. EFFECTUER LES RÊNES DIRECTE ET CONTRAIRE

● LA RÊNE DIRECTE

La rêne directe ou rêne d'ouverture a été étudiée au programme du galop 2. Elle est nommée directe car la main droite fait tourner le cheval à droite, et inversement.

● LA RÊNE CONTRAIRE

Pour faire tourner le cheval à gauche avec la main droite (et inversement), le cavalier utilise la rêne contraire. Elle est également nommée rêne d'appui, car le cavalier vient appuyer cette rêne contre l'encolure du cheval.

Voici comment procéder :

■ Pour tourner à droite, par exemple, effectuez une rotation du poignet de la main gauche de façon à placer les ongles de cette main vers le haut.

■ Dirigez ensuite la main gauche vers l'avant et vers la droite en appuyant la rêne contre l'encolure.

■ Par cette action, le cavalier attire la tête et infléchit l'encolure du côté où la main agit, mais pousse les épaules et fait tourner le cheval du côté opposé.

Rêne gauche d'ouverture : le cheval suit la main et tourne à gauche

Rêne gauche contraire : la main gauche fait tourner le cheval à droite

PRÉCAUTIONS À PRENDRE

Ajustez les rênes avant d'exécuter une rêne d'appui. La main qui agit ne doit pas, en principe, dépasser l'axe de l'encolure. La main qui n'agit pas cède, mais reste ajustée, pour permettre à l'encolure de s'incurver.

4. EFFECTUER AU PAS ET AU TROT LES FIGURES DE MANÈGE SIMPLES

Les principales figures de manège ont été décrites dans le programme de préparation du galop 2.

■ Avant de demander au cheval d'exécuter des figures, exigez de lui qu'il reste sur la piste, sans s'éloigner des bords du manège.

■ Un cheval qui n'est pas assoupli ou qui manque d'obéissance a tendance à couper les coins. Evitez de demander de petites voltes à un cheval insuffisamment assoupli.

■ Dans les doublers, le cheval doit rester droit, sans flotter : l'avant-main est canalisée dans le couloir des rênes et les jambes au contact maintiennent les hanches.

Un cheval non assoupli a tendance à «voler les coins»

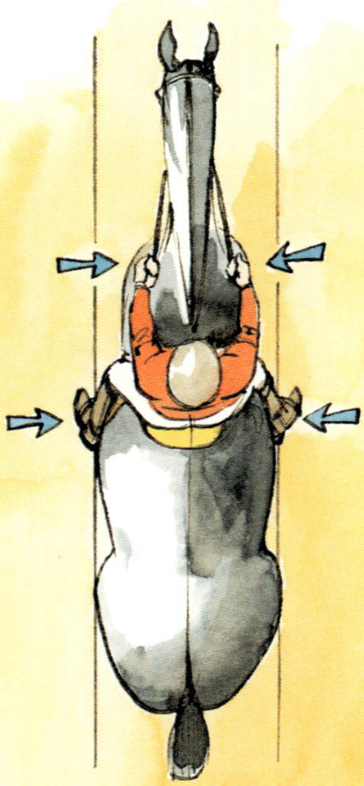

Le cheval droit est canalisé entre les mains et les jambes

CONSEILS PRATIQUES

• Les actions de mains et de jambes doivent être précises pour être comprises du cheval.
• Dans un manège fraîchement hersé, vous pouvez vérifier si les figures sont correctement tracées.

5. PRENDRE LE GALOP SUR LE BON PIED DANS UN TOURNANT

Naturellement, en galopant dans un manège, le cheval met le bout de son nez légèrement à l'extérieur et les hanches à l'intérieur.

Voici comment partir au galop sur le bon pied (droit), par allongement d'allure à partir du trot :

- En marchant piste à main droite, par exemple, vous êtes au trot enlevé sur le diagonal gauche. Quelques mètres avant le tournant (à droite), changez de diagonal et mettez-vous au trot enlevé à droite.
- A l'entrée du tournant, attirez le bout du nez du cheval à gauche avec la main gauche et poussez avec les deux jambes pour l'inciter à passer au galop (vous pouvez reculer légèrement la jambe gauche).
- En tournant à droite, il se met au galop à droite. Son antérieur droit et son postérieur droit (bipède latéral droit) prennent ainsi de l'avance sur le gauche.

D'autres façons de partir au galop sur le bon pied seront étudiées plus tard.

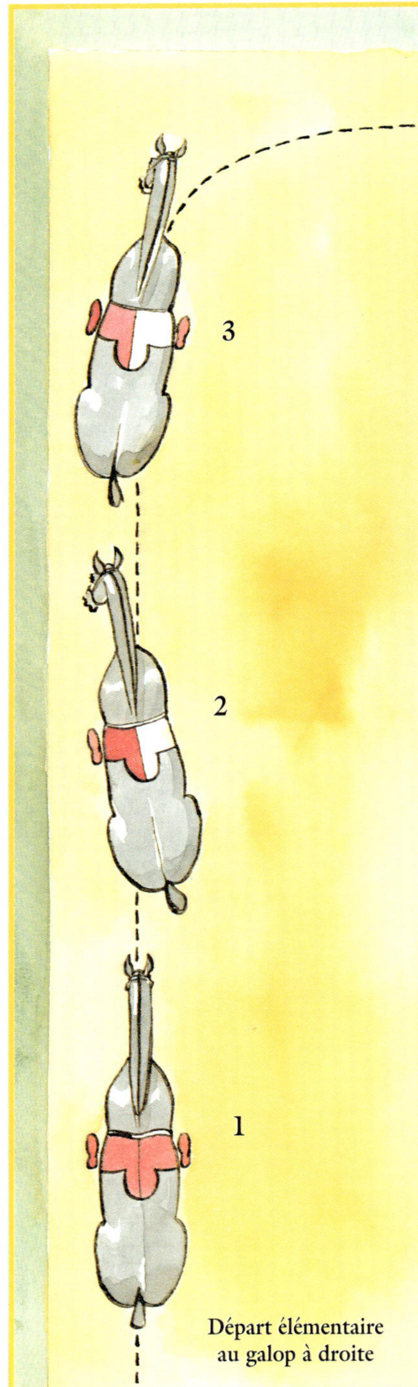

Départ élémentaire au galop à droite

PRÉCAUTIONS À PRENDRE

Ne vous penchez pas du côté où le cheval galope pour essayer de vérifier s'il est sur le bon pied car, au déplacement de votre poids de ce côté, un cheval dressé changerait de pied.

6. SAUTER UNE LIGNE DE 4 OBSTACLES À UNE FOULÉE, EN CONSERVANT LA POSITION EN ÉQUILIBRE SUR LES ÉTRIERS

■ Les obstacles sont alignés, vous n'avez donc pas de problème de conduite.
Il faut cependant éviter que le cheval refuse ou qu'il dérobe.

■ Mettez-vous en suspension, après avoir raccourci les étrivières.

■ Regardez loin et ne laissez pas le cheval accélérer entre les obstacles.

■ Ne vous raccrochez pas aux rênes. Restez bien «au-dessus de vos pieds» en gardant les jambes en place.

Mettez-vous en suspension ...

... pour sauter une ligne d'obstacle

PRÉCAUTIONS À PRENDRE

• Pour vous aider à conserver votre équilibre, vous pouvez prendre appui sur l'encolure avec les mains.
• En sautant des obstacles disposés sur la piste, le cheval sera moins enclin à la dérobade, si vous tenez la cravache avec la main intérieure.

7. ENCHAÎNER DES OBSTACLES ISOLÉS (0,60 À 0,80 M) SANS DIFFICULTÉS DE CONDUITE, AVEC DES TRANSITIONS D'ALLURE

- Effectuez une reconnaissance à pied avant de débuter un parcours d'obstacles pour choisir le tracé.

- Abordez les obstacles perpendiculairement et au milieu.

- Entre les obstacles, reprenez votre cheval en main en le ralentissant s'il a tendance à accélérer. Pendant la phase de planer, dirigez déjà votre regard vers le prochain obstacle.

- En cas de dérobade, ne faites pas une volte, mais arrêtez le cheval et imposez-lui de tourner dans le sens contraire à sa dérobade.

- Un obstacle large (oxer) est abordé avec une vitesse plus importante qu'un obstacle vertical.

- Le spa, situé dans un plan incliné, est un compromis entre l'obstacle vertical et l'obstacle large. Une barre d'appel placée au pied de l'obstacle aide le cheval à régler la trajectoire de son saut.

Abordez bien perpendiculairement

Revenez sur une dérobade

Le spa

Placez une barre d'appel devant un vertical

PRÉCAUTIONS À PRENDRE

Abordez les obstacles au milieu.
A l'abord de l'obstacle, écartez légèrement les mains pour encadrer le cheval.
Les jambes sont prêtes à intervenir, si le cheval manifeste une hésitation.

La rêne contraire permet la conduite à une main

Rêne d'ouverture droite

1. RÊNES DIRECTE ET CONTRAIRE

La façon la plus simple de tourner consiste à utiliser la rêne d'ouverture. C'est un effet de rêne directe, car la main droite fait tourner le cheval à droite, et inversement.
En employant la rêne contraire, la main droite fait tourner le cheval à gauche, et inversement.

À SAVOIR

Ces deux effets de rênes peuvent se conjuguer pour pousser les épaules du cheval avec la rêne d'appui tout en incurvant l'encolure dans le sens du tournant.

2. ACCORD DES AIDES

Le cavalier dispose des aides naturelles et des aides artificielles pour transmettre sa volonté au cheval. Les mains et les jambes peuvent agir, céder ou résister.

- Après avoir appris à utiliser individuellement ses aides, le cavalier doit apprendre à les accorder pour conjuguer leurs effets.
- En aucun cas une aide ne doit en contrarier une autre.
- Pour faciliter la bonne exécution des mouvements demandés, le cavalier doit accorder les actions de ses mains, de ses jambes et du poids de son corps.

CONSEILS PRATIQUES

• Les mains et les jambes doivent s'accorder : les mains indiquent, mais les jambes forcent à obéir.
• Par principe, il faut savoir que les petites actions répétées sont plus efficaces qu'une action forte et continue.

TESTEZ VOS CONNAISSANCES

Comment répondre ?
Cochez une ou plusieurs réponses possibles par question.

Comment vérifier ?
Référez-vous à la grille réponse page 68.

GALOP 1

1. Quelques parties du cheval :
- ❑ l'encolure
- ❑ l'étrier
- ❑ le jarret
- ❑ le pommeau

2. Quelques robes :
- ❑ alezan
- ❑ gris
- ❑ acajou
- ❑ marron

3. Quelques disciplines équestres :
- ❑ le concours complet d'équitation
- ❑ le water-polo
- ❑ le dressage
- ❑ le TRAC

4. Quelques instruments de pansage :
- ❑ le bouchon
- ❑ les trilles
- ❑ le cure-pied
- ❑ le filet

5. Pour brider :
- ❑ laisser pendre les rênes
- ❑ serrer fort la sous-gorge
- ❑ frapper le mors contre les dents
- ❑ dégager le toupet

6. Quelques parties du filet :
- ❑ le frontal
- ❑ la bricole
- ❑ le montant
- ❑ le surfaix

7. Le mors de filet peut être :
- ❑ métallique
- ❑ brisé
- ❑ à aiguilles
- ❑ ajusté à la bouche du cheval

8. Quelques parties de la selle :
- ❑ le pommeau
- ❑ le crochet d'étrivière
- ❑ le montant
- ❑ le troussequin

9. Avant de se mettre en selle, il faut :
- ❑ vérifier le sanglage
- ❑ laisser l'étrier droit relevé
- ❑ laisser pendre les rênes
- ❑ vérifier à droite que tout va bien

10. Pour partir au pas :
- ❑ les jambes agissent ensemble
- ❑ l'une des jambes agit et l'autre cède
- ❑ les mains agissent
- ❑ les mains cèdent

GALOP 2

1. Aliments habituels du cheval :
- ❑ les granulés
- ❑ l'herbe
- ❑ les betteraves sucrières
- ❑ le blé

2. Une balzane est :
- ❑ une maladie des bronches
- ❑ une pièce de harnachement
- ❑ une marque blanche sur les membres
- ❑ une jument stérile

3. Les sabots du cheval :
- ❑ cessent de pousser lorsque le cheval est adulte
- ❑ la corne pousse d'environ un centimètre par mois
- ❑ ils sont toujours de couleur noire
- ❑ il est inutile de les entretenir

4. En remontant un filet, il faut :
- ❑ boucler en premier le mors
- ❑ terminer par le frontal
- ❑ vérifier le sens du mors
- ❑ fixer la martingale sur la sous-gorge

5. L'entretien des cuirs se fait :
- ❑ à grande eau
- ❑ une fois par an
- ❑ avec du savon glycériné
- ❑ au moins une fois par mois

6. Quelques instruments utilisés pour l'entretien des pieds :
- ❑ l'époussette
- ❑ le cure-pied
- ❑ le pot de graisse
- ❑ la brosse douce

7. Entre deux chevaux, conserver une distance de :
- ❑ la longueur d'une tête
- ❑ cela n'a pas d'importance
- ❑ la longueur de trois à quatre chevaux
- ❑ la longueur d'un cheval

8. A main droite dans un manège, le cavalier trotte :
- ❑ sur un diagonal quelconque
- ❑ reste constamment au trot assis
- ❑ trotte sur le diagonal droit
- ❑ trotte sur le diagonal gauche

9. Le cheval peut galoper :
- ❑ avec le diagonal droit
- ❑ sur le pied droit
- ❑ sur le pied droit et le pied gauche en même temps
- ❑ sur le pied gauche

10. Les aides :
- ❑ la cravache est une aide naturelle
- ❑ les éperons sont des aides artificielles
- ❑ les mains sont des aides naturelles
- ❑ la chambrière est une aide artificielle

GALOP 3

1. Rôle de la ferrure :

- ❑ empêcher la corne de pousser
- ❑ protéger la corne de l'usure
- ❑ jouer un rôle d'amortisseur
- ❑ ralentir le cheval

2. Quelques parties d'un membre antérieur :

- ❑ le jarret
- ❑ le genou
- ❑ la châtaigne
- ❑ le boulet

3. Parties communes aux membres antérieurs et postérieurs :

- ❑ le canon
- ❑ le grasset
- ❑ la couronne
- ❑ le paturon

4. Au pas, le cheval parcourt en une heure :

- ❑ 1 kilomètre
- ❑ 3 à 4 kilomètres
- ❑ 6 à 7 kilomètres
- ❑ 12 à 14 kilomètres

5. Le trot est une allure :

- ❑ sautée
- ❑ naturelle
- ❑ à deux temps
- ❑ interdite en dressage

6. Chaque jour, le cheval boit en moyenne :

- ❑ toute l'eau en une seule fois
- ❑ 2 litres d'eau
- ❑ entre 20 et 40 litres d'eau
- ❑ surtout lorsqu'il pleut

7. Sécher le cheval avec une poignée de paille s'appelle :

- ❑ étriller le cheval
- ❑ curer le cheval
- ❑ bouchonner le cheval
- ❑ épousseter le cheval

8. La litière du box :

- ❑ absorbe les urines
- ❑ isole le sol
- ❑ est obligatoirement en paille
- ❑ n'est pas utile en été

9. Lorsqu'un filet est bien réglé :

- ❑ le mors touche les incisives
- ❑ la sous-gorge est serrée
- ❑ la muserolle se trouve sur les naseaux
- ❑ le mors est ajusté à la commissure des lèvres

10. Avec la rêne contraire gauche :

- ❑ l'encolure reste droite
- ❑ la main gauche s'écarte vers la gauche
- ❑ l'encolure est incurvée à gauche
- ❑ l'encolure est incurvée à droite

GRILLE RÉPONSE

Voici la grille réponse qui vous permet de vérifier l'exactitude de vos réponses.
Pour chaque question, la ou les réponses exactes sont marquées d'un ■
et les réponses inexactes d'un ●

GALOP 1

1	2	3	4	5	6	7	8	9	10
■	■	■	■	●	■	■	■	■	■
●	■	●	●	●	●	■	■	●	●
■	●	■	■	●	■	■	●	●	●
●	●	●	●	■	●	■	■	■	■

GALOP 2

1	2	3	4	5	6	7	8	9	10
■	●	●	●	●	●	●	●	●	●
■	●	■	●	●	■	●	●	■	■
●	■	●	■	■	■	●	●	●	■
●	●	●	●	■	●	■	■	■	■

GALOP 3

1	2	3	4	5	6	7	8	9	10
●	●	■	●	■	●	●	■	●	●
■	■	●	●	■	●	●	■	●	●
■	■	■	■	■	■	■	●	●	■
●	■	■	●	●	●	●	●	■	●

Collection «Nouveaux examens d'équitation»
dirigée par Claude Lux